McDougal Littell

BRIDGES TO
LITERATURE

LEVEL 2

McDougal Littell
A DIVISION OF HOUGHTON MIFFLIN COMPANY

Table of Contents

* min:sec

Table of Contents *(continued)*

* min:sec

Table of Contents *(continued)*

* min:sec

To the Teacher

Selection Translations

Use the copymasters within this book and the **Audio Library Translations in Spanish** for students who have a greater facility or comfort with the Spanish language. These products provide easy-to-read Spanish translations and recordings of the literary and informational selections found in *Bridges to Literature* pupil editions. Students with a Spanish language background may benefit from first listening to or reading the selections in Spanish to help them access meaning that may allude them in English. Once students get the meaning, you may find that they are more confident, better prepared to participate in classroom discussions, and able to focus on learning, practicing, and applying key literary and reading skills.

Suggestions for Use:

The selection translations may be used:

- to share with Spanish-speaking adults in the home
- to assist students acquiring English in understanding the selections, especially those with intricate plots and specialized vocabulary
- to serve as a review tool prior to taking selection tests.

¡SALVADOS POR EL BÉISBOL!
por Ken Mochizuki

FÍJATE

El narrador y su familia, como muchos otros japoneses americanos, se ven obligados a vivir en un campamento de detención. Busca los detalles que describan cómo es la vida diaria en este campamento.

Un día, mi padre observaba el desierto sin horizonte y decidió que justo en ese lugar iba a construir un campo de béisbol.

Él siempre decía que las personas necesitaban algo que hacer en el campamento. No estábamos en un campamento divertido, como uno de verano. Nuestro campo estaba en medio de la nada y nosotros estábamos detrás de una valla de alambre de púas. Varios soldados armados se aseguraban de que no saliéramos de ahí y el hombre en la torre veía todo lo que hacíamos, sin importar dónde estuviéramos.

Mientras mi padre caminaba sobre el terreno seco y agrietado, le pregunté otra vez por qué estábamos allí.

—Porque —contestó— América está en guerra con Japón y el gobierno piensa que no puede confiar en los japoneses americanos. Pero está mal que estemos aquí. ¡Nosotros también somos americanos! —Entonces trazó una marca en la tierra y murmuró algo acerca del lugar en donde deberían estar las bases.

Cuando estaba en la escuela, antes de llegar al campamento, yo era más flaco y más bajo que el resto de los niños. Cuando jugábamos a algo y se formaban los equipos, siempre era el último en ser seleccionado. Hace unos meses, las cosas se pusieron peor. Los niños empezaron a decirme cosas y nadie hablaba conmigo, aunque yo no hubiera hecho nada malo. Al mismo tiempo, en la radio repetían cosas de un lugar lejano llamado Pearl Harbor.

Un día, mi madre y mi padre fueron por mí a la escuela. Mi mamá lloraba mucho porque teníamos que mudarnos de nuestra casa lo más rápido posible y tirar muchas de nuestras pertenencias. Un camión nos llevó a un lugar en el que tuvimos que vivir en establos. Ahí nos quedamos un tiempo hasta que llegamos aquí.

Este campamento no se parecía nada a nuestro hogar. Hacía demasiado calor durante el día y demasiado frío por la noche. A cada rato había tormentas que dejaban todo cubierto de arena y nadie podía ver absolutamente nada. A veces llegaban cuando estábamos afuera, parados en una fila para comer o entrar al baño. Teníamos que usar el baño con todos los demás y no uno a uno como lo hacíamos en casa.

También teníamos que comer con todos los demás, pero mi hermano mayor, Teddy, comía con sus amigos. Vivíamos con muchas personas en lo que se llamaban barracas. Era un lugar pequeño y sin paredes. Los bebés lloraban por la noche y nos mantenían despiertos.

En nuestra casa, las personas mayores siempre estaban ocupadas trabajando. Pero ahora, estaban parados o sentados sin hacer nada. Un día mi papá le pidió a Teddy que le consiguiera un vaso de agua.

—Consíguelo tú mismo —le contestó Teddy.

—¿Qué dijiste? —preguntó mi papá molesto.

Los hombres mayores se levantaron y señalaron a Teddy. —¡Cómo te atreves a hablarle así a tu padre! —gritó uno de ellos.

Teddy se levantó, pateó el cajón sobre el que estaba sentado y se alejó caminando. Nunca había escuchado a Teddy hablarle así a mi papá.

En ese momento, mi papá supo que nos hacía falta el béisbol. Conseguimos unas palas y empezamos a desenterrar la artemisa que crecía en el espacio abandonado cerca de nuestras barracas. El hombre de la torre nos observó todo el tiempo. Muy pronto, otros adultos y niños empezaron a ayudarnos.

PIÉNSALO

El padre del narrador quiere hacer un campo de béisbol. ¿Cómo lo lleva la vida diaria del campamento a tomar esta decisión?

FÍJATE

Descubre cómo juega el narrador en uno de los primeros partidos.

No teníamos nada de lo que se necesitaba para jugar béisbol, pero los adultos eran bastante listos. Encauzaron el agua de las zanjas de irrigación para regar lo que sería nuestro campo de béisbol. El agua apretó y endureció la tierra. No había muchos árboles pero consiguieron madera para construir las gradas. Algunos amigos de nuestra vecindad nos enviaron bates, pelotas y guantes en sacos de tela. Mi mamá y las demás mamás les quitaron las cubiertas a los colchones y las usaron para hacer los uniformes. Se veían casi como uniformes de verdad.

Traté de jugar, pero no era tan bueno. Mi papá me dijo que era cuestión de esforzarme un poco más. Pero lo que sí sabía es que era un poco más fácil jugar aquí que en casa. Casi siempre, los niños eran de mi tamaño.

Siempre que practicaba, el hombre de la torre me miraba. Probablemente veía cómo los demás niños me hacían pasar un mal rato y pensaba que yo no era muy bueno. Así que hice un mayor esfuerzo por mejorar porque me estaba mirando.

Pronto hubo partidos de béisbol todo el tiempo. Todos jugábamos: los adultos y también nosotros, los niños. Yo jugaba segunda base porque mi equipo decía que era lo más fácil. Siempre que me tocaba batear, el jugador del jardín central del otro equipo se burlaba y se me acercaba. El receptor detrás de mí y el público del otro equipo gritaban, "Es un out fácil". Y por lo general me ponchaban. En alguna ocasión logré un sencillo.

Entonces llegó el momento de jugar uno de los últimos partidos del año para decidir el campeonato. Era el final de la novena entrada y el otro equipo estaba ganando 3 a 2. Uno de los nuestros estaba en la segunda base y había dos outs.

En los dos primeros lanzamientos abaniqué ambas veces. Podía ver cómo el jugador de segunda base me rogaba que por lo menos me embasara para que otra persona pudiera batear. El público estaba emocionado. —¡Tú puedes! ¡Strike out! ¡Pónchalo, pónchalo!

De reojo miré la caseta de vigilancia tras la línea de foul del jardín izquierdo y vi al hombre en la torre, recostado en el barandal con gafas de sol que reflejaban el brillo cegador del sol. Siempre estaba observando, mirando fijamente. De repente me enfurecí.

Agarré el bate con más fuerza y di unos abaniqueos de calentamiento. Mandaría la pelota más allá de la caseta de vigilancia, aunque fuera lo último que hiciera. Se hizo un profundo silencio y el lanzador lanzó la pelota.

Me cuadré bien y le pegué fuerte. Nunca antes había escuchado un golpe semejante. La pelota voló más lejos de lo que esperaba.

Frente al ardiente sol del desierto, mientras corría a la primera base podía ver la pelota volando por el aire, pasando por encima de la cabeza del jardinero izquierdo.

Corrí las bases a toda velocidad, con la certeza de que me agarrarían. Pero no me importaba y corrí al plato tan rápido como pude. Ni siquiera supe cuándo lo pasé.

Antes de darme cuenta mis compañeros de equipo me cargaron en hombros. Volteé a mirar la torre y el hombre, con una sonrisa en su rostro, me hizo con la mano la señal de aprobación.

PIÉNSALO

¿Qué dos cosas son sorprendentes de la victoria del narrador?

FÍJATE

La guerra termina y las familias abandonan el campo de concentración. Sigue leyendo para descubrir cómo juega el narrador una vez que regresa a su casa.

Pero todo no se arregló. Otra vez las cosas estuvieron mal cuando regresamos a casa después de que terminó la guerra. Nadie nos hablaba en la calle y en la escuela nadie me dirigía la palabra. La mayoría de mis amigos del campamento no regresaron aquí. Tenía que almorzar solo.

Entonces llegó la temporada del béisbol. De nuevo era el jugador más pequeño, pero jugar en el campamento me había hecho mejorar. Los otros niños se dieron cuenta de que era un jugador bastante bueno. Empezaron a llamarme "Chaparro", pero lo decían con una sonrisa.

Cuando llegó la hora de jugar el primer partido, me sentía casi como parte del equipo. Todos iban riéndose y bromeando en el camión. Pero tan pronto llegamos, me di cuenta: nadie de mi equipo o del otro equipo, o incluso del público, era como yo.

Cuando salimos al terreno de juego, me temblaban las manos. Sentía como si todos esos ojos mezquinos me miraban fijamente, deseando que cometiera algún error. Dejé caer la pelota que me arrojaron y escuché que entre el público gritaban "japo". No había escuchado esta palabra desde antes de ir al campamento. Significaba que me odiaban.

Le tocó el turno de batear a mi equipo y yo era el siguiente. Miré hacia el suelo. Pensé que lo mejor sería fingir que me sentía enfermo y no terminar el partido. Pero sabía que esto sólo empeoraría las cosas, porque en la escuela me gritarían gallina. Y también usarían la mala palabra.

Entonces llegó mi último turno al bate. El público gritaba, "¡El japo no sirve para nada! ¡Es un out fácil!" Oí risas. Dos veces me lanzaron y no toqué la pelota. Cada vez que fallaba, el público gritaba ahogando los gritos de mis compañeros que me decían, "Ándale Chaparro, tú puedes!" Di un paso hacia atrás para recuperar la respiración.

Cuando regresé a la base, miré al lanzador. Sus gafas reflejaban el brillo del sol mientras estaba parado en el montículo, igual que el guardia en la torre. Nos miramos fijamente. Entonces cerré los oídos al ruido que me rodeaba y me preparé. El lanzador se preparó y lanzó.

Le pegué y otra vez sentí ese golpe sólido. Y vi la diminuta pelota en el aire frente al cielo azul y las acolchadas nubes blancas. Parecía que iba a volar por encima de la valla.

PIÉNSALO

1. ¿Qué sucede al final del cuento? ¿Por qué es importante para el narrador?

2. ¿Cómo crees que el béisbol "salva" al narrador?

3. ¿Qué cosas buenas hace el béisbol por las familias en el campamento de detención?

The Day the Sun Came Out

EL DÍA QUE SALIÓ EL SOL
por Dorothy M. Johnson

FÍJATE

Conoce a los personajes y enterate de su viaje al Oeste.

Nos alejamos de nuestro hogar lentamente, milla por milla. Íbamos a las montañas cruzando la pradera en donde el viento nunca deja de soplar.

Al principio éramos cuatro y una carreta casi vacía jalada por un caballo. Pa y yo caminábamos porque yo ya era un niño grande de once años. Mis dos hermanas menores caminaron hasta que se cansaron. Entonces tuvimos que subirlas a la cama dentro de la carreta.

No era una Conestoga cubierta, como en la que la familia de mi papá llegó al Oeste. Sólo era una vieja carreta de granja, jalada por un caballo cansado. Crujía y rechinaba en su camino por las montañas, en dirección al oeste rumbo a los pequeños poblados de madera en los que papá creía que tenía un viejo tío que era dueño de un aserradero que no valía ni dos centavos.

Habíamos caminado durante dos semanas cuando encontramos a Mary. Se había escapado de algún lugar del cual no quería decir nada. Pa no la quería llevar con nosotros. Pero ella se enfrentó a él sin temor en su voz.

—Prefiero viajar con una familia y cuidar niños —dijo— pero no voy a regresar. Si no me llevan con ustedes, me iré en cualquier otra carreta que me lleve.

Pa frunció el entrecejo y ella le sostuvo la mirada con sus enormes ojos azules.

—¿Cuántos años tienes? —le preguntó.

—Veinte —contestó ella—. A veces un grupo de carreteros pasa por aquí. Pero prefiero irme con ustedes. Lo que sí es que no regreso.

—Casi no tenemos qué comer —le dijo mi padre—. No tenemos dinero. Y ya tengo suficiente como para preocuparme por alguien más.

Se volteó como si su sola presencia le molestara. —Tendrás que caminar —dijo.

Así que nos acompañó. Aunque cuidaba a las niñas, Pa no le dirigía la palabra.

PIÉNSALO

¿Cuáles son las razones del papá para no llevar a Mary con ellos?

FÍJATE

¿A qué problemas se enfrenta la familia?

En la pradera, el viento soplaba. Pero en las montañas llovía. Cuando nos detuvimos en unas pequeñas parcelas de árboles madereros, los colonos nos dijeron que había llovido durante todo el verano. Entre los tocones quemados se veía que las cosechas estaban podridas y se habían echado a perder. Por ningún lado había una pizca de buen humor. Las personas con quienes hablamos habían sobrepasado el nivel de la preocupación. Estaban asustadas y desesperadas.

También Pa lo estaba. Todos los días caminaba dos veces más que la carreta. Recorría el bosque con su rifle. Pero nunca encontró ningún animal. La única vez que comimos carne de venado fue porque los colonos nos la regalaron de mala gana.

Una vez mi padre trajo un puerco espín. La carne tenía grasa y estaba buena. Mary la puso a asar en el fuego mientras le bajaban lágrimas debido al humo. Pa y yo montamos la lona como toldo para evitar que la lluvia apagara el fuego.

Ya no quedaba nada del puerco espín —a excepción de un poco de grasa reseca que Mary había guardado —cuando llegamos a una vieja cabaña abandonada. Pa dijo que teníamos que detenernos. El caballo estaba acabado. Ya no podía jalar más por las cuestas en las montañas.

Por lo menos en la cabaña teníamos un lugar donde quedarnos. Nos quedaban unas papas y algo de maizena. Había un arroyo que probablemente tenía peces, si es que alguien era capaz de pescarlos. Pa lo intentó durante medio día antes de darse por vencido. Hasta la fecha a mí no me gusta la pesca. Recuerdo los ojos hundidos en el rostro triste de mi padre.

Pa nos llevó a Mary y a mí afuera de la cabaña para hablar con nosotros. La lluvia goteaba desde las ramas encima de nosotros.

—Creo que sé dónde estamos —nos dijo—. Calculo que puedo ir donde el viejo John y regresar en unos cuatro días. En el pueblo habrá comida. Me darán algo aunque el viejo John ya no esté ahí.

Me miró fijamente y me advirtió: —Haz lo que ella te diga. —Era la primera vez que reconocía que Mary estaba en el mundo desde que la recogimos hacía dos semanas.

—Eres mi socio, —me dijo— pero quizá ella tenga algo más de cerebro. Respeta lo que ella diga.

Y amargamente explotó: —No queda nada bueno en el mundo. Ni personas a las que les importe si vives o mueres. Pero encontraré comida en el pueblo y regresaré con ella.

Tomó aire y añadió: —Si les da mucha hambre, maten el caballo. Será mejor que morirse de hambre.

Se despidió de las niñas con un beso. Luego, caminando lentamente se perdió en el bosque con una cobija y el rifle.

PIÉNSALO

¿Cuál es el peor problema de la familia? ¿Cuál es el plan del papá para resolverlo?

FÍJATE

Sigue leyendo para descubrir lo que Mary y los niños hicieron mientras el padre estuvo fuera.

La cabaña olía mal y no tenía piso.

Manteníamos una fogata bajo un hueco en el techo, pero aunque todo se llenó de humo y no podíamos ver, teníamos que mantener el fuego encendido para que la madera se secara.

La tercera noche perdimos el caballo. Un oso lo asustó. Escuchamos el alboroto. Mary y yo salimos corriendo, pero no pudimos ver nada. Estaba como boca de lobo.

Salí a buscarlo bajo la luz grisácea del día. Debo haber caminado unas quince millas. Sentía que tenía que conseguir un caballo antes de que papá regresara o si no me azotaría.

De plano me perdí dos o tres veces. Creí que me moriría solo y sin que nadie lo supiera. Pero logré regresar al claro.

Eso ocurrió el cuarto día. Y Pa no regresaba. Ése fue el día que nos comimos lo que quedaba.

El quinto día, Mary salió en busca del caballo. Mis hermanas lloraron. Debido al miedo y al hambre que tenían, se acurrucaron bajo una cobija junto al fuego.

Nunca me sequé del todo, ya que tenía que salir a cada rato en busca de madera húmeda, y para gritar a ver si Mary me escuchaba y así evitar que se perdiera. Pero no podía llorar como las niñas, porque yo era un niño grande de once años.

Era casi de noche cuando escuché una respuesta a mis gritos. Mary entró al claro.

Mary no traía el caballo. Nunca volvimos a ver ni un solo pelo de aquel jamelgo. Pero cargaba en sus brazos algo grande y blanco que parecía como una calabaza sin color.

No dijo nada, sólo miró alrededor y vio que Pa no había regresado aunque ya casi terminaba el quinto día.

—¿Qué es eso? —preguntó mi hermana Elizabeth.

—Un hongo —contestó Mary—. Apuesto a que pesa unas diez libras.

—¿Y ahora qué vas a hacer con él? —le pregunté—. ¿Jugar fútbol?

—Comérmelo, quizá —nos dijo mientras lo guardaba en una esquina. El agua de su cabello mojado le escurría por los hombros. Se acurrucó al lado del fuego.

PIÉNSALO
La situación de la familia ha cambiado. ¿Cómo ha empeorado?

FÍJATE
Descubre por qué el narrador empieza a odiar a Mary.

Mi hermana Sarah se puso a llorar otra vez.

—¡Tengo hambre! —repetía una y otra vez.

—Los hongos no son buenos para comer —dije—. Te pueden matar.

—A lo mejor —contestó Mary—. A lo mejor así es. No pretendo saberlo todo como otras personas.

—¿Qué es esa marca en el hombro? —le pregunté—. Te rompiste el vestido con una rama.

—¿Qué crees que es? —preguntó. Tenía la cabeza cubierta de humo.

—Parecen cicatrices —supuse.

—Son cicatrices. Me azotaron, aquellos con los que vivía. Ahora, no te metas en lo que no te importa. Necesito pensar.

Elizabeth exclamó: —¿Por qué no regresa Pa?

—Ya viene. Pero no puede llegar en la noche. Tu papá se encargará de ustedes apenas pueda.

Se levantó y se puso a buscar en la caja de comida.

—Ahí no hay nada más que platos vacíos —refunfuñé—. Si hubiera algo, lo sabríamos.

Mary se levantó. Tenía en la mano la lata con grasa del puerco espín.

—Voy a comer algo —nos dijo fríamente—. Ustedes, niños, no pueden comer nada todavía. Y cuidado, no quiero oírlos llorar.

Lo que hizo entonces fue cruel. Rebanó el enorme y sólido hongo, y calentó la grasa en el sartén. El olor hizo que las niñas salieran de la cama. Pero les dijo que se regresaran con un tono de voz tan violento que la tuvieron que obedecer. Lloraban como para romperle el corazón a cualquiera.

Yo no lloré. Sólo la observaba, la odiaba.

Soporté el tiempo que pude el olor del hongo frito. Entonces le dije: —Dame un poco.

—Mañana —contestó Mary—. A lo mejor mañana. Pero hoy no. —Me volteó a ver y me ordenó—: ¡No me molestes! ¡Déjame en paz!

Se hincó frente al fuego y terminó de freír la rebanada de hongo.

Si hubiera tenido el rifle en las manos, en ese mismo instante la hubiera matado.

No empezó a comer de inmediato. Observó durante un rato la dorada rebanada y dijo: —Para mañana en la mañana, supongo que sabrán si quieren un poco.

Las niñas la miraban fijamente mientras comía. Sarah mordía un viejo guante de cuero.

Mary se metió bajo las cobijas con ellas, pero se despegaron lo más que pudieron de ella.

Sentía tanto miedo que mi estómago se revolcaba, a pesar de lo vacío que estaba.

Mary no se quedó mucho tiempo bajo las cobijas. Tomó un trago de agua de la cubeta y se sentó junto al fuego y me miró entre el humo.

Me dijo en voz baja: —No tengo idea de cómo será si es veneno. Sólo haz lo mejor que puedas con las niñas. Porque tu papá va a regresar, lo sabes... Mejor vete a acostar. Yo me quedaré despierta.

Y también tú te quedarías despierto si fuera tu última noche sobre la tierra y el dolor de la muerte te llegara en cualquier momento; tú también te sentarías al lado del fuego, bien despierto, recordando lo que tengas que recordar, saboreando la vida.

Nos quedamos sentados en silencio después de que las niñas se quedaron dormidas. En una ocasión le pregunté: —¿Cuánto tiempo dura?

—Nunca he sabido —me contestó—. No pienses en eso.

Después de un rato me quedé dormido con la barbilla en el pecho.

PIÉNSALO
¿Qué revelan las acciones de Mary acerca de ella?

FÍJATE
Empieza un nuevo día. Sigue leyendo para descubrir lo que le pasa a Mary.

Me despertó el ruido que hacía Mary moviéndose de un lado a otro. La oscuridad de la noche comenzaba a disiparse.

—Supongo que está bien —dijo Mary—. ¿Ya debería saber, no?

Le contesté con aspereza: —No lo sé.

Mary se quedó parada un rato en la puerta, mirando el mundo que chorreaba como si le pareciera hermoso.

Entonces puso a freír unas rebanadas de hongo mientras las niñas bailaban ansiosamente.

Nos dimos un banquete los tres, mis hermanas y yo, hasta que Mary dijo: —Con eso aguantarán un rato —y se rehusó a cocinar más. Ella no probó ni un bocado del hongo.

Fue un día extraño en el interior de esa cabaña maloliente. Mary se reía y estaba feliz. Nos contó cuentos. Y jugamos "¿Quién tiene el dedal?" con una piña.

En la tarde escuchamos un grito. Mis hermanas gritaron y yo corrí delante de ellas a través del claro. Mi padre salió del bosque con un caballo cargado, y bien que recuerdo el tesoro de comida que contenía aquel paquete.

Nos miró ansioso mientras cortaba las cuerdas que sostenían al paquete.

—¿Dónde está la otra? —nos preguntó.

En ese momento Mary salió de la cabaña, caminando serenamente. Cuando se nos acercaba, salió el sol.

Mi madrastra era una mujer maravillosa.

PIÉNSALO
1. ¿Qué te dice la última línea del cuento?

2. ¿Qué puedes inferir o deducir de la personalidad de Mary? ¿Qué pistas te hacen pensar esto?

3. ¿De que forma Mary muestra la fortaleza necesaria para la vida de un pionero?

The Dragon's Pearl

LA PERLA DEL DRAGÓN
adaptación de Julie Lawson

FÍJATE

Lee para saber cómo un niño y su madre consiguen sobrevivir en la antigua China.

En aquellos remotos tiempos en los que existían dragones que exhalaban fuego, vivía un niño llamado Xiao Sheng a quien le gustaba cantar.

No es que tuviera muchas buenas razones para cantar. Trabajaba desde el amanecer hasta el atardecer podando hierbas y vendiéndolas a cambio de combustible o forráje. Así ganaba apenas lo suficiente para comprar comida para él y su madre.

A pesar de todo, Xiao Sheng era un niño que tenía buen corazón.

—Adiós, mamá —decía todos los días—. Quién sabe qué nos tienen preparado los dioses para este día. Puede que hoy no sea igual que ayer.

Pero todos los días eran iguales. Xiao Sheng salía de su casa pensando en lo hermoso que se veía el río bajo la luz del amanecer. Deseaba poder pescar desde la ribera o nadar en el agua fresca, pero nunca tenía tiempo. Con su canto como única compañía, cortaba la hierba y la llevaba a vender al pueblo. Al atardecer se dirigía a su casa en busca de un plato de arroz, una taza de té y un merecido sueño. Y todos los días era lo mismo.

PIÉNSALO

¿Qué hace Xiao Sheng durante el día?

FÍJATE

¿Cambiará la suerte de Xiao Sheng? Lee para averiguarlo.

Y entonces ocurrió una sequía terrible. Día tras día los rayos del sol quemaban la tierra. Los arroyos ya no brillaban entre las colinas. El río ardía como si fuera fuego a lo largo de sus orillas abrasadas.

Como siempre, Xiao Sheng cantaba para ponerse de buen humor, pero estaba preocupado. Estudiaba el sol en busca de alguna señal de los dragones que traían la lluvia, pero ni una seña, ni el menor rastro sedoso de una nube. Caminó más y más lejos entre las colinas en busca de hierba que no estuviera marchita o muerta.

Un día, mientras se acercaba a la cima de la colina más elevada, Xiao Sheng contempló una espléndida mancha de hierba verde y abundante. Impaciente cortó toda la mancha de hierba y se apresuró a ir al pueblo, en donde la vendió por más dinero del que jamás había recibido antes.

Al día siguiente, cuando regresó, descubrió que la mancha de hierba había vuelto a crecer.

—¡Gracias! —dijo, e hizo una reverencia a los dioses responsables de su buena suerte. Nuevamente cortó la hierba y se dirigió a toda prisa al pueblo.

Lo mismo ocurrió el tercer y el cuarto día. Todas las mañanas, la hierba que había cortado volvía a crecer tan verde y frondosa como siempre.

Entonces, Xiao Sheng tuvo una idea. —Debe ser hierba mágica —dijo—. Y si crece tan bien aquí, ¿por qué no podría hacerlo en otro lado? La sembraré en mi casa y así todos los días me ahorraré un largo camino.

PIÉNSALO

¿En qué consiste la buena suerte que ha tenido Xiao Sheng? ¿Qué crees que suceda cuando trasplante la hierba?

FÍJATE

El niño hace varios descubrimientos sorprendentes. Lee para saber cuáles son.

A la mañana siguiente desenterró la hierba y, con cuidado, trasplantó la tierra y las raíces a la diminuta parcela de tierra al lado de su choza.

Iba de un lado al otro, excavando y trasplantando un pequeño pedazo a la vez. Casi había terminado cuando notó algo resplandeciente entre la tierra. Al agarrarlo se quedó sin respiración. En su mano, resplandeciente como un rosado amanecer, descansaba una perla.

Salió corriendo rumbo a su casa, llorando de felicidad. —¡Mamá! ¡Mira lo que nos regalaron los dioses!

Su anciana madre estaba radiante. —Esta perla nos traerá una fortuna. Pero vamos a guardarla un tiempo antes de que ya no podamos admirar su belleza.

Xiao Sheng estuvo de acuerdo y vio cómo su mamá escondía la perla en su frasco de arroz que estaba casi vacío. Entonces, regresó a su siembra.

—Qué maravilloso va a ser —dijo—. Mañana cortaré la hierba aquí mismo. A lo mejor hasta me da tiempo de pescar algo para la cena.

Pero no sería así. A la mañana siguiente, Xiao Sheng salió apurado muy temprano, sólo para descubrir que su hierba se había marchitado y estaba muerta.

—¿Qué hice? —dijo llorando—. Y se maldijo por perturbar la tierra, por destruir la abundante y verde hierba, por ser demasiado feliz y tentar a los dioses.

En medio de su llanto tuvo una idea.

—A lo mejor debí haber sembrado la perla —dijo—. Y salió corriendo en busca del frasco.

¡Pero qué sorpresa le esperaba! Ahora el frasco estaba repleto de arroz y encima del arroz yacía la resplandeciente perla.

—¡Una perla mágica! —exclamó su madre—. Vamos a ponerla en nuestra alcancía a ver qué pasa.

Colocaron la perla dentro de la alcancía a un lado de la única moneda que había y en poco tiempo la alcancía estaba completamente llena de oro.

—¡Ah! —exclamó la anciana mientras le pasaba los dedos a las monedas—. Tenías razón, hijo mío. ¡Hoy no es igual que ayer!

¡Cómo se alegraron! El frasco de aceite también estaba lleno, el frasco de arroz nunca estaba vacío y la alcancía siempre estaba repleta de dinero. Mientras los vecinos rezaban para que llegaran las lluvias, Xiao Sheng y su madre cantaban de felicidad y bendecían su preciada perla.

PIÉNSALO
¿Qué efecto tiene la perla en la vida del niño y su madre?

FÍJATE
¿Crees que la perla seguirá siendo motivo de felicidad para Xiao Sheng y su madre?

Sus amigos estaban al tanto de su buena suerte. Día tras día veían a Xiao Sheng jugando por el pueblo o paseando por el río. Traía pescados a su casa y ya no iba a las colinas a cortar hierba. Siempre había sido un niño feliz... ¡pero ahora!

—¿Alguna vez han visto una sonrisa como ésa? —decían los vecinos del pueblo—. ¡Y qué bien se ve su madre! Es evidente que a estos dos los han favorecido los dioses.

Los aldeanos no estaban enojados o celosos, porque la riqueza no convirtió a Xiao Sheng y su madre en personas egoístas. Eran generosos con todos los que alguna vez habían sido amables con ellos. Sus vecinos, pobres y agobiados por la sequía, estaban agradecidos.

Bueno, la mayoría.

Una noche, dos hombres irrumpieron en la choza exigiéndoles que les dieran su comida y su dinero. —Sabemos que tienen una alcancía con monedas de oro —gritó uno de los tipos toscos —. Entréguenla de inmediato. —Los hombres quitaron a la anciana de su camino y empezaron a destrozar la choza en busca de la alcancía.

—¡Deténganse! —gritó alarmado Xiao Sheng—. Yo les daré dinero. —Sacó la caja de su escondite, pero tan pronto la sacó el hombre más corpulento se la arrebató y la abrió.

—¡Mira lo que tenemos aquí! —exclamó el tipo mientras levantaba la perla.

Xiao Sheng se la arrebató. —Se pueden llevar todo nuestro dinero, pero no pueden quedarse con la perla.

El rufián se arrojó sobre el niño, pero Xiao Sheng se metió la perla en la boca. El hombre lo agarró por los hombros y lo sacudió mientras el otro le pegaba en la espalda. —¡Escúpela! —le gritaban—. ¡Escúpela o te irá peor!

La anciana, aterrada por su hijo, emitía alaridos. El pobre de Xiao Sheng estaba tan confundido por las sacudidas y los gritos que… ¡se tragó la perla!

PIÉNSALO
¿Qué problema ha causado la perla?

FÍJATE
La perla tiene un fuerte efecto en Xiao Sheng. Lee para saber qué le ocurre.

Sintió un intenso calor en su interior, como si se hubiera tragado una bola de fuego. Agarró la tetera y se la bebió de un solo trago. Luego corrió al frasco del agua. Se bebió diez, veinte, treinta vasos tratando de apagar el fuego. Pero aunque había dejado el frasco vacío, aún quería más agua.

Su madre y los dos hombres vieron atónitos cómo salió corriendo hacia el río, se zambulló y empezó a beber.

—¡Deténte! —le rogaba su madre.

Pero no quería o no podía parar. En poco tiempo, Xiao Sheng se había bebido todo el río hasta dejarlo seco. Y la perla seguía ardiendo en su interior.

El cielo se oscureció y un feroz viento sopló por la ribera del río. Crepitaron relámpagos. El rugido de los truenos hizo temblar la tierra. Los aldeanos se abrazaron unos a otros y miraban con asombro la oscuridad que los arropaba. La madre de Xiao Sheng corrió a su lado y lo abrazó con fuerza.

—Ven y entra —le rogó.

Pero mientras hablaba, el niño sufría una gran transformación.

Xiao Sheng empezó a crecer, primero las piernas, luego el cuerpo. Le salieron escamas de pez en la espalda y le crecieron las astas de un venado en la cabeza. Sus manos se convirtieron en las garras de un halcón y el cuello se le estiró como si fuera de una serpiente. Conforme se movía, sintió que la cola de una serpiente se le retorcía y enrollaba, y cuando abrió la boca, su madre vio la resplandeciente perla.

Ella miraba asombrada. Frente a sus propios ojos, ¡su hijo se había convertido en un dragón!

PIÉNSALO

Describe cómo se transforma el niño en tus propias palabras.

FÍJATE

Sigue leyendo para averiguar cómo Xiao Sheng usa sus nuevos poderes.

Xiao Sheng ya no tenía que buscar rastros de nubes. Echando hacia atrás su poderosa cabeza, sopló nube tras nube en oleadas al cielo. Los aldeanos veían cómo las nubes se rompían y la lluvia brotaba a cántaros. —¡Se acabó! —gritaban—. ¡Xiao Sheng acabó con la sequía! —Levantaron sus alegres rostros a la lluvia generadora de vida y bendijeron al dragón benevolente.

Xiao Sheng cantaba mientras el diluvio regaba la tierra sedienta e inundaba el río. Cuando se dirigió al río, su mamá se le aferró a las piernas en un intento por detenerlo. Él se liberó suavemente de su abrazo. Una y otra vez ella se arrojó sobre él. Una y otra vez él se liberó.

Se metió en el río, pero los alaridos de su madre perforaron su corazón y no pudo evitar voltearse hacia atrás. Cada vez que giraba, su cuerpo masivo tallaba la orilla del río, esculpiéndolas con su último adiós.

Sola al lado del río, la madre de Xiao Sheng lloraba mientras su hijo desaparecía bajo el agua. Y la lluvia caía, lavándole las lágrimas.

Los aldeanos fueron amables con la madre de Xiao Sheng y la respetaron como respetaron a su hijo. Todas las mañanas arrojaban algunos granos de arroz al río como un regalo para Xiao Sheng, el Más Honrado y Preciado Dragón.

Todas las tardes su madre se sentaba a orillas del río y le contaba las noticias del día. Le contaba cómo habían florecido las cosechas y lo frondoso que estaba el campo, ahora que la sequía se había acabado. Le contó de la forma tan rara en la que cayó la lluvia sobre todos los campos, excepto los de esos dos hombres malvados. Ellos acabaron por abandonar su tierra, seca y estéril, en desgracia, y nunca más los volvieron a ver.

A veces una libélula se le posaba en el hombro o una carpa anaranjada y brillante agitaba la cola a sus pies. Ella sonreía porque sabía que eran visiones de su hijo. Y otras veces, cuando las aguas bañaban la orilla, escuchaba un sonido suave, un campanilleo, tan claro y brillante como el cascabeleo de monedas de oro. Entonces también sonreía, porque sabía que había escuchado cantar a Xiao Sheng: "Hoy no es igual que ayer."

Durante toda su vida lo buscó en la primavera, que es cuando los dragones salen de los ríos y soplan las nubes para que la lluvia caiga sobre la tierra.

Todavía hoy en día en China, el río Min fluye por la provincia de Szechuan. Si te detienes a un lado del río para observar cómo bailan los rayos del sol sobre el agua, puedes ver las orillas esculpidas por la cola del dragón.

Y si escuchas con mucho cuidado el murmullo del agua, es posible que oigas cantar al dragón.

PIÉNSALO

1. ¿Cómo acaba el dragón con la sequía?

2. ¿Cómo le demuestra el niño a su madre que todavía la quiere?

3. ¿Qué poderes crees que tiene la perla?

4. ¿Te parece que en este cuento todas las personas buenas salen recompensadas y las malas castigadas? ¿Por qué?

de **ELENA**
por Diane Stanley

FÍJATE
¿Qué le sucede al padre de la narradora cuando sale de viaje?

El tiempo pasa muy rápido cuando estamos ocupados y felices. La naturaleza humana no tiene la costumbre de detenerse un instante y decir: "debo recordar este momento porque es posible que no vuelva a vivir otro así". Damos la felicidad como un hecho. Creemos que siempre hay un mañana y que será igual que hoy. Los grandes cambios nos toman por sorpresa.

En 1910, cuando yo tenía unos cinco años de edad, mi padre tuvo que viajar a Guadalajara por razones de trabajo. Iba una o dos veces al año. No tenía nada de raro. Mientras montaba su caballo, mamá salió a despedirse. —Ten cuidado —le dijo. Estaba preocupada por las personas que pudiera encontrar en el camino. Habíamos oído hablar de la revolución. Se decía que había soldados toscos y campesinos armados por todos lados. Eran hombres peligrosos. Pero mi padre sólo le apretó la mano y sonrió. —Tendré cuidado —le dijo.

A mi padre lo acompañaron varios aldeanos que hacían el mismo viaje. Se despidieron de nosotros con la mano y se dirigieron al escarpado campo, ya que caminos propiamente dichos no había. Era justo el fin de la temporada de lluvias y el camino estaba mojado. Casi una hora después de que se fueron, mi padre sintió que el terreno cedía debajo de las patas de su caballo, provocando un derrumbe. Y se precipitaron a la cañada que estaba abajo.

Los aldeanos regresaron a toda prisa en busca de ayuda y muchos hombres con cuerdas corrieron a rescatar a mi padre.

Lo trajeron a casa y lo recostaron en la cama. El doctor llegó y le curó las heridas. Cuando el doctor se iba, le preguntamos: —¿Vivirá? —Él se encogió de hombros—. ¿Quién puede asegurarlo? —nos dijo—. A lo mejor Pablo sabe. Es un don que tienen algunos indígenas.

Mamá se quedó parada viendo al doctor alejarse de nuestra casa. —Tiene razón, —pensó—. Pablo lo sabe.—Así que entró al cuarto en tinieblas y se hincó junto a la cama. Tomó una de sus enormes manos y con cariño se la acarició.

—Esposo —murmuró ella—. ¿Cómo te sientes? ¿Crees que te vas a recuperar?

Pasó un largo rato sin que él le hiciera caso. Finalmente volteó la cabeza y habló. —No —dijo. Luego, con una voz débil pero firme, le contó lo que sabía. Mencionó el día y la hora exacta en la que moriría. Le dijo que habría una guerra y que ella y los niños debían abandonar el hogar.

—Siempre estarás en mi corazón —le dijo. Fue la última vez que habló.

Tres días después, justo a la hora que había dicho, mi padre murió.

PIÉNSALO
¿Qué gran cambió sufre la familia? ¿Qué otros cambios predice Pablo?

Mi madre enloqueció de dolor. Salió corriendo al patio y con un largo palo empezó a dar vueltas como loca, tirando todas sus hermosas flores. Luego abrió las jaulas y dejó salir todos los pájaros.

Después, mamá se tranquilizó. Aunque siguió cuidándonos como siempre lo había hecho, esa chispa, ese destello que siempre fue parte de ella, se apagó. La ausencia de mi padre dejó un vacio en nuestro hogar. Yo realmente no podía comprender lo que había pasado porque era demasiado joven. Creía que mi padre sólo había ido a un lugar en el que yo no lo podía ver. Quizá estaba en el cuarto de al lado. Todos los días esperaba verlo aparecer por la puerta y que todo volviera a ser como antes. Pero, por supuesto, nunca llegó, y con el tiempo entendí que nunca lo haría.

Recuerdo que esos eran días cálidos y hermosos, el cielo brillaba azul, sin nubes, día tras día. Parecía que la naturaleza se burlaba de nosotros.

Un día jugaba en el piso de arriba con mi hermano Luis. Escuché el galope de los caballos sobre el empedrado de afuera; no uno, sino muchos caballos. Corrí a la ventana para ver qué pasaba. Desde arriba, vi que nuestra calle se había convertido en un río de sombreros. La revolución había llegado a nuestra pequeña aldea. ¡Era el ejército de Pancho Villa el que cabalgaba!

Con una exclamación entrecortada, mi madre me quitó de la ventana debido a que Pancho Villa era un hombre muy famoso. Era cierto que estaba luchando para liberar a México del dictador Porfirio Díaz y que quería devolver a los campesinos la tierra que les habían robado. De hecho, estaba a punto de convertirse en un genuino héroe popular, el Robin Hood de México. Pero también era bien sabido que alguna vez había sido un bandido y que sus hombres eran tan malos como los soldados del gobierno. Ninguno de los dos ejércitos respetaba la ley. Dondequiera que iban le robaban a la gente y dejaban los pueblos totalmente quemados. ¿Qué nos pasaría a nosotros?

Mi madre se hincó y nos abrazó a todos. En un instante comprendió que todo lo que le había pasado antes era por algo. Los libros que había leído, los números difíciles que había conquistado, la batalla que había ganado con su matrimonio; todo esto la había hecho fuerte. Ahora no tenía ni padre ni esposo que la ayudara. En su lugar, tenía gran valentía y determinación. ¿No había habido guerras siempre? Y en todos los países, y en todas las épocas, hombres y mujeres valientes tuvieron que enfrentarse a peligros terribles. Ella también podía hacerlo; Dios le había puesto la capacidad en su corazón. Vimos que este entendimiento pasó por su rostro como un rayo de luz. —Niños —nos dijo con urgencia— debemos encontrar a Esteban.

Ella sabía que los soldados acostumbraban llevarse a los niños mayores y los obligaban a enlistarse en el ejército. Mi hermano tenía dieciséis años.

Hacía horas que ninguno de nosotros lo había visto. Lo buscamos por toda la casa, pero no estaba. Sobre su cama yacía un libro abierto. Lo había dejado y había salido corriendo hacia algún lado. A lo mejor estaba caminando en las calles con esos hombres. A lo mejor ya lo habían capturado. Por fin María lo encontró. Estaba parado en el tejado mirando a los soldados. ¡Los chicos pueden ser tan tontos en ocasiones!

Preparamos un escondite para él en la alacena de la cocina, detrás de las enormes ollas de barro. Luego mamá pensó en otra cosa: los caballos. Seguro que robarían los caballos. Pero a lo mejor si encontraban el establo vacío, creerían que alguien ya se los habría llevado. Seguro no los buscarían en la cocina. Así que también los metió en la cocina.

Antes de que mamá pudiera esconder cualquier otra cosa, tocaron fuerte en la puerta. Podíamos escuchar voces graves que se reían y hablaban afuera. Mi madre dudó un instante. Entonces nos mandó al cuarto de atrás. Aunque la obedecimos, dejamos la puerta ligeramente entreabierta para ver qué pasaba. Mi madre respiró fuerte y abrió la puerta.

PIÉNSALO
¿Qué hace Elena para proteger a su familia, especialmente a Esteban?

FÍJATE
Alguien toca a la puerta. Lee y averigua quién es y qué quiere esa persona.

Cuatro o cinco soldados estaban parados afuera, hombres toscos que olían a sudor y caballo. El hombre que estaba al frente era fornido y tenía un bigote largo que le colgaba sobre la boca. Por su pecho cruzaban bandoleras. ¡Era el mismísimo Pancho Villa!

—Señora, —dijo— ¿es ésta la casa de Pablo, el famoso fabricante de sombreros? —Era lo último que ella esperaba escuchar.

—Así es, —contestó ella— soy su viuda.

—Entonces, por favor, acepte mis más sinceras condolencias —le dijo el líder del ejército rebelde con una ligera reverencia. Hizo una pausa y tímidamente añadió—: ¿Y los sombreros? ¿Los sombreros finos? ¿Ya no queda ninguno?

Mi madre hasta sonrió. —Permítame un minuto —dijo. Fue al armario de su recámara y regresó con uno de los hermosos sombreros con orillas plateadas de papá—. Éste es el último que queda —dijo.

Pancho Villa estaba encantado. Inmediatamente se lo puso y hasta pagó por él. Y no sólo eso, puso un guardia afuera de nuestra casa. Mientras el ejército de Villa permaneciera allí, nadie nos haría daño.

PIÉNSALO
¿Qué tiene de sorprendente el comportamiento de Pancho Villa?

Elena y su familia abandonan el pueblo. Lee y averigua por qué y cuál es el siguiente problema que tienen que resolver.

—Con toda seguridad Pablo nos estaba cuidando ese día —nos dijo mamá después—. Pero no va a ser así siempre. Antes de que su padre muriera, me dijo que llegarían soldados. Me dijo que teníamos que abandonar nuestra casa. Me pregunto cómo es posible que lo haya olvidado.

—Estabas triste, mamacita —dijo María.

Cuando los villistas se fueron, mamá salió a la plaza y abrió la tienda a todas las personas del pueblo. Vació la tienda. Sacaba grandes rollos de manta y se las regalaba a las personas que no tenían nada. Sólo nos llevamos nuestro dinero, alguna ropa y comida para el viaje. Dejábamos a nuestras tías y tíos, nuestra pequeña casa, los muebles, los cuadros, las ollas y los sartenes y los platos. Nos despedimos de nuestros amigos de toda la vida.

Todos nos imploraban que no nos fuéramos. —No es correcto que una mujer viaje así, sin protección —decían—. No es seguro.

—El mundo está cambiando —contestó mi madre—. Nosotros también debemos cambiar.

Dejamos el pueblo muy temprano por la mañana. Cuando llegamos a la estación de trenes, descubrimos que estaba repleta de personas frenéticas y agresivas. Daba la impresión de que todo México quería subirse a ese tren. Mamá y María lograron entrar. Luego, antes de que Esteban se subiera, nos pasó a Luis y a mí por la ventana junto con nuestra canasta de comida.

Tuvimos suerte de conseguir bancas para sentarnos. La mayoría de las personas estaban en furgones o amontonados en los pasillos.

Durante cinco días el tren resopló en dirección al norte. Por las ventanas abiertas entraban hollín, polvo y moscas. Yo me había puesto un maravilloso vestido blanco de encaje para el viaje. Pronto estaba empapado de sudor y cubierto de tierra.

Cuando llegamos a Ciudad Juárez, nos enfrentamos a un nuevo problema. ¿Qué haríamos con Esteban? Era alto, casi un hombre. Los soldados en la frontera no lo tratarían como un niño. Podrían detenerlo por días, junto con los otros hombres toscos que venían en el tren. Podrían llevárselo al ejército.

—Yo creo que algo se me ocurrirá —nos dijo mamá—. Debemos tener paciencia.

Así que esperamos mientras ella pensaba, pero no era un lugar adecuado para quedarse. El pueblo era tosco y no había ley que valiera. Miles de refugiados llegaban por montones, desesperados por huir de sus casas que ya no eran seguras. Ladrones y carteristas andaban por las calles. Los hoteles y las tiendas cobraban unos precios ridículos que las personas tenían que pagar porque la alternativa era morirse de hambre o dormir en las calles. Durante varios días no comimos nada más que fruta.

Mamá se hizo amiga de un vendedor de frutas chino, honesto y amable. Un día le comentó nuestro problema. Él sonrió, porque sabía exactamente cómo ayudarnos. Todos los días cruzaba la frontera con su carretón de frutas. Podríamos vestir a Esteban con la ropa y el sombrero de paja de este hombre. Se haría pasar por el ayudante del vendedor de frutas.

Esa tarde todos juntos cruzamos el puente hacia El Paso. Mamá y tres de nosotros caminamos a un lado del carretón de frutas. El costo del viaje fue un centavo por cada uno. Al fin llegamos sanos y salvos a los Estados Unidos.

PIÉNSALO

¿A qué problemas se enfrenta la familia? ¿Cómo resuelven sus problemas?

FÍJATE

Elena decide mudar a su familia a California. Lee para averiguar cómo es su vida allí.

Nos dirigimos a California porque teníamos un primo, Trinidad, que vivía allí. Pero no teníamos su dirección. De hecho, ni siquiera sabíamos en qué pueblo vivía. Así que fuimos a San Francisco, que era famosa. Llegamos al barrio donde vivían muchas personas de México. A todos los que conocíamos le preguntábamos: —¿Conoce a nuestro primo Trinidad? —Nadie lo conocía. Y además, no nos gustó el lugar. Era húmedo y frío. En Los Ángeles tampoco conocían a Trinidad. Allí fuimos más felices porque el clima era más cálido. Pero la ciudad era muy grande, nada como nuestro precioso pueblo en México. Escuchamos hablar de un lugar llamado Santa Ana. Ahí había plantíos de limón y naranja y nueces, y también buenas escuelas para los niños. Así que ahí fue a donde fuimos y ahí es donde nos quedamos. Nunca encontramos a Trinidad.

Para entonces, ya habíamos gastado casi todo nuestro dinero. Así que Esteban consiguió un trabajo recolectando fruta. A veces se iba durante semanas, viviendo en campamentos cerca de las granjas. Cuando regresaba a casa estaba adolorido y cansado. Ya no se reía ni jugaba conmigo como lo hacía antes.

Mamá administraba una casa de huéspedes, lo que significaba mucho trabajo. Limpiaba, hacía las camas, trapeaba los pisos y restregaba las tinas. Lavaba y planchaba la ropa de los huéspedes. Después, se metía a la cocina y cocinaba montañas de arroz y frijoles y tortillas y enchiladas para que tuvieran qué comer. Todos nos sentábamos al mismo tiempo a cenar en una larga mesa de pino. A veces los huéspedes eran amables y se hacían nuestros amigos. Había algunos que venían del mismo lugar de México que nosotros.

María y yo hacíamos lo que podíamos. Colgábamos la ropa en el tendedero y la recogíamos si llovía. Ayudábamos a lavar los platos y cambiábamos las sábanas una vez a la semana. Y cuidábamos al pequeño Luis.

Pero mamá decía que nuestro verdadero trabajo era tener una buena educación. Primero estaba la escuela y la tarea. Cuando termináramos con eso, nos decía, podíamos ayudar. A veces me sentía mal, sentada en una silla con un libro sobre las piernas mientras mamá no descansaba ni un instante, siempre ocupada con sus labores. Pero lo hacía de buena gana. Si yo le decía: —Trabajas demasiado, mamacita —ella sólo sacudía la cabeza y sonreía.

—¿Y qué tiene de malo el trabajo? —decía—. El trabajo es la forma en que me encargo de mi familia. El trabajo me mantiene ocupada. El trabajo me hace útil. Así que no puede ser tan malo.

Compara la vida de Elena en los Estados Unidos con su vida en México. ¿Cuál crees que prefiere?

FÍJATE

Lee para averiguar cómo los niños y su madre se adaptan al estilo de vida de California.

En la escuela aprendimos a hablar inglés y nos enseñaron acerca de George Washington, que cruzó el Delaware, y Thomas Jefferson, que escribió la Declaración de Independencia. Escribimos ensayos acerca de la Guerra de Independencia y de la Guerra Civil, y un día de repente me di cuenta de que los estadounidenses, al igual que nosotros, habían tenido que sufrir guerras terribles. Y poco tiempo después, me di cuenta de que los estadounidenses ya no eran "ellos". Después de todo, nosotros usábamos ropa estadounidense, leíamos libros estadounidenses, aprendíamos canciones estadounidenses y comíamos dulces estadounidenses. Todos nos habíamos convertido en verdaderos estadounidenses: todos nosotros, excepto mamá.

Ella nunca supo realmente qué era. Parte de ella permanecía en México y la otra parte estaba con nosotros en California. Algunas veces en las tardes, después de acabar de limpiar los platos, salíamos al porche, nos sentábamos y disfrutábamos el aire fresco nocturno. En esos momentos a mamá le gustaba hablar de los días pasados. Nos contó sobre su infancia en la enorme casa de su padre en las bellas montañas de México. Hablaba de sus hermanas que tan bellamente cantaban acompañadas de una guitarra. Recordaba su propia casita llena de flores y pájaros. Pero en especial, de lo que más le gustaba hablar era de papá: cómo se enamoraron, que era un gran artista, que hacía hermosos sombreros, que sabía cosas que era imposible conocer. Yo era muy pequeña cuando papá murió, casi no lo recordaba. Los cuentos lo revivían.

Durante todos esos años no habló más que de los momentos felices. Fue mucho después que nos enteramos de lo que había pasado en nuestro pueblo. No fue sino hasta que estuvimos grandes —fuertes y llenos de esperanza— que supimos que había desaparecido, quemado por los soldados. Y cuando supimos de las personas que murieron, personas que habíamos conocido, comprendimos realmente lo que nuestra madre había hecho. Con su valor y osadía, nos había salvado a todos.

PIÉNSALO

1. ¿Qué palabras usarías para describir a la madre de la narradora? Apoya tu respuesta con evidencias del cuento.

2. ¿Qué opinión tiene la narradora de su madre? ¿Estás de acuerdo con su juicio? ¿Por qué?

3. ¿Crees que Elena regresaría a su casa si pudiera? Proporciona detalles que apoyen tu opinión.

CUARENTA Y CINCO SEGUNDOS EN EL CENTRO DE UN TORNADO
por Don L. Wulffson

FÍJATE

¿Qué hay de raro en el clima mientras Ira Baden y Roy Miller trabajan?

Era una mañana nublada de mayo. Ira Baden apretaba el volante mientras corría en su carro por una carretera de Texas. Él y Roy Miller se dirigían de Dallas a Waco. Allí tenían un trabajo de colocar puertas automáticas en el edificio Amicable Life.

No había manera de que los hombres lo supieran, pero iban camino al desastre. Se dirigían a un horror viviente, un tornado. Esa misma tarde caería sobre Waco. En su estela dejaría un horrible rastro de destrucción. Morirían unas 114 personas. Más de 500 resultarían heridas. Dos millas cuadradas de la ciudad se convertirían en una masa de escombros retorcidos.

Después de un largo y pesado viaje, Baden y Miller llegaron a Waco. Tomaron medidas y hablaron sobre sus planes. Miller comenzó a sacar las puertas viejas. En el sótano del edificio Amicable, Baden trabajaba en las nuevas puertas. Para las cuatro de la tarde estaban listas para colocarse.

Baden y Miller arrastraron las puertas hacia arriba. Calcularon cómo las instalarían. Al mismo tiempo, se dieron cuenta de que las personas que pasaban por la calle se veían muy preocupadas. Todos hablaban de una tormenta que estaba a punto de llegar. Los hombres se pusieron a trabajar colocando las puertas. Pero se les hacía muy difícil concentrarse en su trabajo. El aire estaba raro, pesado y silencioso. Parecía como si los aplastara. Aunque apenas era la tarde, el cielo estaba oscuro como si fuera de noche.

—¿Alguna vez has visto un clima como éste? —le preguntó Miller a Baden.

—No —le contestó. Miró al cielo oscuro y agitó la cabeza —. No me gusta. Se ve realmente extraño.

PIÉNSALO

Describe cómo era el clima el día del tornado.

FÍJATE

Lee para saber cómo empieza el tornado.

Los hombres intentaron ignorar sus temores. Siguieron trabajando en las puertas. Les parecía que era buena idea instalarlas lo más rápido posible. De repente empezó a llover. Pero las gotas no daban en el suelo. ¡Volaban de lado!

Junto con la lluvia llegó un raro y estrepitoso ruido. El ruido se volvió insoportablemente fuerte. Entonces, por encima del estrépito, Baden escuchó el agudo tintineo de vidrios rotos. Se volteó justo a tiempo para ver cómo volaba un buzón. Le pasó a sólo unas cuantas pulgadas de la cabeza. La pierna rosada de un maniquí rebotaba por el asfalto. La mitad del letrero de una tienda daba volteretas en el aire.

El viento era sobrecogedor. Baden nunca había visto nada igual. Se aferró a un barandal. Por primera vez realmente sintió miedo. El viento lo aterró. Tenía miedo de que lo desprendiera del barandal y lo mandara volando hacia el negro cielo.

Mientras se aferraba al barandal, una poderosa fuerza empezó a desplazarse por la calle. Conforme avanzaba, arrancaba las fachadas de los edificios. Un lugar tras otro simplemente explotaba. Los cables de electricidad cayeron al suelo. Bailaban sobre las calles, arrojando chispas por todos lados. Las personas brincaban y saltaban entre estos mortales cables. Los carros frenaban y trataban de evadirlos. Un carro chocó contra un enorme ventanal.

PIÉNSALO

¿Qué detalles te sirvieron para imaginarte la llegada del tornado?

FÍJATE

Averigua lo que Baden ve y siente.

Baden intentó entrar por la puerta del edificio Amicable Life. Pero el viento era muy fuerte. Lo mantenía adherido al barandal. No podía moverse. Con la orilla del ojo podía ver a Roy Miller aplastado contra la pared del edificio. El hombre se agarraba de la pared con la punta de los dedos.

Baden se colocó la cabeza en el pecho. Se sentía sofocado. Le habían sacado el aire de los pulmones. Jadeando, trataba de respirar. No funcionó. Parecía que el tornado había chupado todo el aire del mundo. Ira Baden estaba convencido de que iba a morir.

Baden levantó la vista. Podía ver el horrible remolino de la punta del tornado. Descendía y oscilaba por la calle. Demolía un lugar y dejaba otro intacto. Ignoró por completo el hotel Roosevelt pero demolió el cine. Un segundo después agarró el edificio Dennis y se llevó los cuatro pisos superiores. Los pedazos giraban hacia arriba y los separaba en el aire. Luego cayeron juntos en el mismo lugar. Los techos salían disparados de los edificios. Paredes enormes se derrumbaban en la calle. Los carros salían volando como si fueran aviones.

En medio de esta aterradora pesadilla, un hombre cruzó a toda prisa la entrada a medio terminar al lado de Baden. Baden le gritó que se detuviera. El hombre le contestó que su esposa estaba en un edificio al otro lado y tenía que llegar hasta ella.

Justo cuando bajaba la acera, el viento lo levantó. Mientras gritaba, se lo llevó el viento. Simplemente desapareció. El lugar parecía un dibujo de corte transversal. Baden podía ver a un hombre parado junto a su escritorio. Caminaba hasta la orilla arrugada del suelo y miraba por encima. Luego se volteaba y corría de regreso a la pared. Abrió una puerta que unos segundos antes conducía a lo que era un pasillo. Luego dio un paso al espacio vacío. El tornado se lo llevó. Baden nunca lo volvió a ver.

PIÉNSALO

¿Cuáles son los tres acontecimientos asombrosos que ve Baden?

FÍJATE

¿Qué hacen Baden y Miller una vez que pasa el tornado?

Por fin, el torbellino empezó a alejarse. Se dirigía al suroeste, zigzagueando por la ciudad. Baden aflojó la mano del barandal y miró a su alrededor. Los carros que estaban estacionados de su lado de la calle casi no tenían ni un rasguño. Aquellos que estaban cruzando la calle habían sido arrojados por todos lados y aplastados como bichos. Todo ese lado de la calle estaba devastado.

La lluvia con viento siguió. Llenó de agua la arruinada avenida. Pero a pesar del aguacero, un grupo de sobrevivientes empezó a juntarse. Miller le puso una mano alrededor a Baden. Boquiabiertos, los dos hombres se miraron. Entonces se unieron a la multitud que se juntaba en la calle.

La mayoría de las personas estaban aturdidas. Sus ojos estaban en blanco y les temblaban las extremidades. Algunas personas estaban lastimadas. Otros casi no tenían ropa porque se las había arrebatado el viento. Una mujer recostó la cabeza sobre el hombro de un pálido policía que estaba bañado en sangre. Ella sollozaba silenciosamente.

Mientras estuvo parado entre la multitud, Baden se dio cuenta de que aún traía puestos sus lentes. El tornado lo había aplastado contra el barandal. Había levantado carros y se los había llevado como si fueran hojas. Había convertido edificios enteros en montones polvorientos de ladrillos. Pero increíblemente, sus lentes permanecían intactos sobre su nariz.

Baden y Miller fueron a la zona de desastre más cercana. Ayudaron a buscar sobrevivientes. Parecía un milagro cada vez que encontraban a alguien vivo enterrado bajo los montones de escombro. El trabajo de rescate continuó toda la noche. Los bomberos, la Guardia Nacional y otros llegaron para ayudar.

Ya en la mañana Baden estaba tan cansado que casi no podía sostenerse en pie. Roy Miller estaba tan pálido como un fantasma. Era evidente que no podían hacer más. Detrás del edificio Amicable Life, Baden encontró su carro estacionado. Él y Roy Miller regresaron de inmediato a Dallas a través de los restos destrozados de Waco. En total, Baden se había enfrentado al tornado durante no más de cuarenta y cinco segundos. Pero él nunca olvidaría esos momentos. Permanecerían grabados en su memoria durante el resto de su vida.

PIÉNSALO

1. ¿Cómo ayudaron Baden y Miller a las demás personas una vez que pasó el tornado?

2. ¿Qué detalles usó el autor para que comprendieras la fuerza de un tornado?

3. Menciona una cosa que creas que es especialmente memorable del relato de Baden y Miller. ¿Por qué?

Trapped by Fear

ATRAPADO POR EL MIEDO

de **The Contemporary Reader**

FÍJATE

Lee para saber cómo reaccionan algunas personas cuando cruzan un puente.

El puente Mackinac es el puente colgante más largo del mundo. Cruza de una parte del estado de Michigan a otra. Con un total de cinco millas de longitud, el puente se eleva 200 pies por encima del agua.

La mayoría de las personas cruzan manejando por el puente sin ningún problema. Pero hay personas que les tienen miedo a las alturas. Les da miedo cruzar el puente.

Y no sólo tienen miedo, tienen pánico. A veces llegan a la mitad del puente y se quedan paralizados. Detienen sus carros, bajan la cabeza y se ponen a llorar. No se mueven hasta que alguien llega a ayudarlos.

Esto sucede cinco o diez veces al día durante el verano, cuando el tráfico sobre el puente es más pesado. Entonces es necesario enviar a un conductor especializado para que lleve el carro al otro lado.

¿QUIÉN TIENE MIEDO?

No es fácil predecir a quién le va a dar miedo cruzar el puente. A veces es un hombre, otras veces una mujer. Puede ser un joven, pero también una persona mayor. En ocasiones se trata de una persona en motocicleta. Hasta los conductores de camiones tienen a veces que pedirle a alguien que maneje sus vehículos al otro extremo. El pánico ataca, se sienten mareados o no pueden respirar, y simplemente tienen que detenerse.

El puente es más seguro que la mayoría de las carreteras. Ochenta millones de carros lo han cruzado y sólo en una ocasión se salió uno. Sucedió cuando hizo un viento muy fuerte, en 1989. No tiene ningún sentido tener miedo de cruzar el puente. Pero hay personas que se aterran con tan sólo pensarlo.

PIÉNSALO

¿Quién tiene miedo de cruzar el puente Mackinac? ¿Cómo les afecta ese miedo?

FÍJATE

Lee para saber qué es una fobia.

TEMORES SIN SENTIDO

Este tipo de miedo sin sentido se llama fobia. La gente sufre de muchos tipos de fobias. Algunos le temen a las alturas. Otros se asustan al estar en lugares abiertos. Y otros tienen miedo de estar encerrados en lugares pequeños. Muchos temen viajar en avión. La mugre y los gérmenes son el temor más grande de algunas personas. No quieren tocar nada, sin importarles lo limpio que esté, por miedo a enfermarse. Otros le tienen miedo a los animales, como a los gatos o las serpientes.

Una fobia no es un simple temor. Una fobia significa tener miedo cuando realmente no hay nada de qué asustarse. Para algunas personas, el miedo es tan fuerte que no los deja hacer cosas que les gustaría hacer. Existen personas que tienen tanto miedo de los espacios abiertos que nunca salen de su casa.

PIÉNSALO
¿Cuáles son las consecuencias de las fobias?

FÍJATE
Lee para saber cómo empiezan las fobias.

MEMORIAS ESCONDIDAS

¿A qué se debe que una persona sienta tanto miedo? La mayoría de las veces nadie sabe la razón. Pero hay ocasiones en las que una persona puede descubrir cómo fue que empezó a tener miedo. Con mucha frecuencia, tiene que ver con algo que sucedió cuando esa persona era un niño pequeño.

A una mujer la aterrorizaba el sonido del agua corriente. Fue al médico en busca de ayuda. Finalmente, el doctor descubrió a qué se debía el miedo. Cuando era niña, había salido de día de campo con su familia. Sus padres le habían dicho que no se acercara al río. Pero de cualquier manera decidió hacerlo. Se cayó en el río y fue atrapada por la fuerte corriente. No podía salir. Tuvo que quedarse parada debajo de una cascada durante varios minutos mientras el agua le salpicaba la cabeza. Su tía la encontró y la rescató.

La mujer casi no recordaba este suceso. Aun así, le había provocado que toda la vida le tuviera miedo al sonido del agua.

A veces es muy difícil comprender las fobias. Lo que empieza como una conmoción consecuencia de un suceso se puede convertir en temor a muchas cosas o ideas. En una ocasión, un niño pequeño a quien lo asustó un perro, creció temiéndole a todos los perros y los gatos. ¡La mera presencia de un abrigo de piel podía aterrarlo!

PIÉNSALO
¿Cómo conducen los sucesos de la infancia a las fobias?

FÍJATE
Conoce dos maneras en las que personas con fobias aprenden a sobrevivir.

CÓMO CONSEGUIR AYUDA

¿Cómo se puede ayudar a las personas que tienen fobias? Como la mujer que le tenía miedo al agua corriente, las personas pueden tratar de descubrir por qué tienen miedo.

A veces los doctores pueden ayudar a las personas a vencer sus temores poco a poco. Un hombre que les teme a los perros puede empezar por acariciar un pedazo de piel. Luego puede tocar un perro de juguete. Después, puede tratar de pararse cerca de un perro amarrado. Y al paso de cada semana, podría acercarse cada vez más al perro. Cuando ya no sienta miedo de estar cerca, podría acariciarlo. Poco a poco, le perdería el miedo.

Muchas personas tienen miedo de volar. Incluso existen clases para las personas que tienen miedo de volar en aviones. Estas personas hablan de sus temores y tratan con sus

fobias. Al final de la clase, hacen juntos un viaje en avión para comprobar que
pueden hacerlo.

CÓMO LIDIAR CON EL TEMOR

La mayoría de las personas simplemente viven con sus fobias. Hacen lo que tienen que hacer
aunque tengan miedo. Los que no pueden sobreponerse mejor se mantienen alejados de las
cosas que les dan miedo. Si tienen miedo de volar, mejor toman un tren.

A veces las personas no están concientes de su temor hasta que intentan hacer algo
diferente. Probablemente muchas personas no saben que tienen miedo de cruzar puentes
hasta que intentan cruzar el Mackinac. Repentinamente, les ataca el pánico. No pueden
respirar. No pueden moverse. Sólo quieren taparse los ojos y llorar. Pero deberían aguantar un
poco; llegará ayuda, tanto ahora como a largo plazo.

PIÉNSALO

1. ¿Cómo pueden las personas con fobias aprender a vivir con ellas?

2. Muchas personas sufren fuertes temores, llamados fobias, que afectan seriamente sus
vidas. Ésta es la idea principal de este artículo. Haz una lista con cinco detalles que apoyen
esta idea principal.

3. ¿Crees que la lectura de este artículo le podría servir a alguien que padeciera una fobia?
Explica.

MARY TIFOIDEA
por Henry Billings y Melissa Billings

FÍJATE

Lee para averiguar por qué la tifoidea es una grave enfermedad.

Mary Mallon no tenía la intención de matar a nadie. Durante mucho tiempo, ni siquiera se dio cuenta de que lo estaba haciendo. Todo lo que sabía era que dondequiera que iba, las personas se enfermaban. Era un patrón. Una familia rica de Nueva York la contrataba como cocinera. Preparaba la comida y en pocas semanas, la familia se enfermaba de una horrible enfermedad llamada tifus.

La enfermedad empezaba con escalofríos y fiebre. Las víctimas a menudo se enfermaban del estómago. Pronto sufrían dolores de cabeza y les sangraba la nariz. Después, aparecía una erupción roja y brillante. Empezaban a toser. A veces les daba fiebre y se recuperaban. En otros casos, su condición empeoraba y morían.

A principios del siglo veinte pocas personas sabían cómo se propagaba la tifoidea. Algunas personas creían que se debía a leche descompuesta. Otros creían que provenía de las emanaciones de la basura. Sólo unos pocos científicos conocían la verdad: era causada por gérmenes que viven en el interior del cuerpo humano. Estos gérmenes salen del cuerpo de una persona cuando usa el excusado. A veces los gérmenes llegan a sus manos. Si la persona toca los alimentos antes de lavarse las manos, los gérmenes pueden pasar a la comida. Cualquiera que coma esos alimentos puede contagiarse. A principios del siglo veinte, casi una de cada cinco personas que se enfermaban de tifus, moría.

PIÉNSALO

¿Por qué la tifoidea es una enfermedad tan grave?

FÍJATE

Averigua la relación entre Mary Mallon y el tifus.

Mary Mallon nunca había padecido de tifus. Siempre había sido sana y fuerte. No había ninguna razón para creer que le estuviera pasando la enfermedad a otra persona. Y sin embargo, no importaba a dónde fuera, la tifoidea la seguía. La reacción de Mary frente a este problema fue sencilla. Huía. En una ocasión decidió quedarse y cuidar a la familia mientras duró la enfermedad. Pero el resto del tiempo, simplemente empacaba sus cosas y se iba.

En 1906, Mary consiguió trabajo como cocinera con Charles Warren y su familia. Sólo llevaba tres semanas con los Warren cuando uno de los niños cayó con fiebre. Mary sabía muy bien lo que eso significaba. La tifoidea había atacado de nuevo. Rápidamente pidió su paga y se fue. Pero esta vez la siguieron. Un hombre llamado George Soper empezó a investigar la enfermedad de la familia Warren.

PIÉNSALO

¿Qué hace Mary cuando la familia para la que trabaja contrae el tifus? ¿Qué crees que va a pasar después?

George Soper sigue a Mary. Conoce lo que descubre sobre ella.

Soper era un experto en enfermedades. Sabía cómo se propagaba el tifus. Suponía que personas saludables cargaban los gérmenes sin saberlo. A lo mejor, pensó, Mary Mallon era una portadora de estos gérmenes. Decidió encontrarla. Quería hacerle pruebas para saber si en su cuerpo habitaban los gérmenes de la tifoidea.

Soper encontró a Mary en marzo de 1907. Ella trabajaba como cocinera con otra familia de Nueva York. Tal como Soper temía, una niña de la casa ya estaba muriendo de tifoidea. Soper entró a la casa. Mary estaba en la cocina. Cuando Soper le explicó por qué estaba ahí, ella se enfureció. Agarró un enorme cuchillo filoso y se arrojó encima de él. Soper logró escapar sin un rasguño.

Poco tiempo después, Soper fue al lugar donde vivía Mary. Era un lugar sucio, apestoso. Parado en medio de la mugre, Soper entendió cómo Mary le contagiaba la tifoidea a tantas personas. Era evidente que tenía muy malos hábitos de higiene personal.

Soper envió a la doctora Josephine Baker a platicar con Mary. Baker trabajaba para la ciudad. Su trabajo consistía en proteger a las personas de cualquier peligro a la salud. Pero Baker tampoco tuvo suerte. Simple y sencillamente Mary no podía creer lo que le decía la doctora. Era una locura. Después de todo, ella estaba sana. No era posible que en el interior de su cuerpo cargara la tifoidea. Lo único que Mary quería era que la dejaran en paz. Quería seguir trabajando como cocinera. Y respecto a ese asunto de lavarse las manos después de ir al baño, bueno, sonaba a una pérdida de tiempo y energía.

PIÉNSALO

¿Cómo reacciona Mary ante la doctora que Soper envió?

FÍJATE

El gobierno envía a Mary a prisión. Lee para saber por qué.

Baker y otros funcionarios de la localidad no sabían qué hacer. Decidieron encerrar a Mary. Era una decisión desesperada. Pero a nadie se le ocurría otra manera de evitar que siguiera propagando el tifus. Baker y cinco policías fueron por ella. Cuando Mary los vio venir, se escapó. Después de una búsqueda de dos horas, la encontraron escondida en el patio de un vecino. Cuando la policía la atrapó, ella se puso a patear y morder. Fue necesaria la fuerza conjunta de los cinco policías para meterla en una ambulancia. La doctora Baker dijo: "Literalmente estuve sentada encima de ella durante el trayecto al hospital. Era como estar en el interior de una jaula con un león furioso".

A Mary la tuvieron varios meses en el hospital. Como se esperaba, los exámenes mostraron que su cuerpo estaba atestado de gérmenes de tifoidea. Ese otoño la transfirieron a un hospital en una pequeña isla cerca de la ciudad. Ahí la tuvieron cerca de tres años. Ella consiguió a un abogado para que luchara por su libertad. Sostenía que era ilegal de la ciudad tenerla prisionera. Mary tenía razón, pero ningún juez estaba dispuesto a dejarla en libertad. Así que permaneció encerrada en la isla North Brother.

PIÉNSALO

¿Por qué el gobierno toma prisionera a Mary?

FÍJATE

Después de permanecer en la isla durante tres años, Mary decide obedecer a los doctores. ¿A qué se debe que la vuelvan a arrestar?

En 1910, Mary finalmente aceptó hacer lo que los doctores le pedían. Si la dejaban ir, decía, nunca volvería a trabajar como cocinera. También prometió que regresaría a hacerse exámenes médicos cada tres meses. Los doctores estuvieron de acuerdo. Dejaron libre a Mary. Pero tan pronto como pisó la calle, desapareció. Durante cinco años, ningún policía de la ciudad daba con ella.

Durante todo este tiempo, Mary pasó de un restaurante a otro. Cocinaba para los hoteles. Se cambiaba de nombre. Y huía siempre que algún cliente caía enfermo de tifus.

En 1915, Mary consiguió trabajo en la cocina del Hospital para Mujeres Sloane de la ciudad de Nueva York. Pronto, veinticinco personas cayeron enfermas de tifus. Uno de los trabajadores decía en broma que la cocinera probablemente era la infame Mary Tifus. Aterrada de que la volvieran a atrapar, Mary se fue a Nueva Jersey. Pero ahora la policía le seguía la pista. El 27 de mayo de 1915 fue arrestada y la llevaron de regreso a la isla North Brother.

Era el final de las andanzas de Mary Mallon. Los encargados de salud no le iban a dar otra oportunidad. Decidieron mantenerla en esa pequeña isla durante el resto de su vida. Durante veintidós años, hasta su muerte a los setenta años, Mary permaneció ahí. En sus últimos años, le dieron una cabaña sólo para ella. Podía recibir cuantas visitas quisiera. Pero, a la hora de comer, todos hacían lo mismo. Siempre se iban sin probar un solo bocado de la comida de Mary Tifus.

PIÉNSALO

1. ¿Por qué la policía arrestó nuevamente a Mary y la encerró?

2. ¿Crees que el gobierno tenía razón en mantenerla prisionera? Explica tu opinión.

3. Este artículo sólo ofrece una versión de los hechos relacionados con Mary. No ofrece el punto de vista de Mary. ¿Crees que ella pensaba que era un peligro para los demás? Explica.

Sca-a-a-a-a-a-ry Jobs

TRABAJOS DE M-I-E-E-E-D-O
por Robin Sayers

FÍJATE
Bill Haast trabaja con serpientes. Averigua qué es lo que hace en su trabajo.

Seguramente en tu vida sólo tienes miedo una vez al año, en Halloween. Robin Sayer habló con personas cuyo trabajo es aterrador todo el año. Aquí aparecen dos de las entrevistas.

¡Cuidado, son serpientes!

Bill Haast es el responsable del Laboratorio Serpentario de Miami, Florida. Él estudia las serpientes y las atrapa para sacarles el veneno que los investigadores usan para desarrollar nuevas medicinas.

P. NICKELODEON MAGAZINE: ¿Cuántas serpientes tiene en su laboratorio?

R. BILL HAAST: Cerca de 400, de 22 especies distintas.

P. ¿Cómo les saca el veneno?

R. Primero, levantamos las serpientes por la parte trasera de la cabeza para que no se puedan voltear. Esto las pone a la defensiva. Luego hacemos que muerdan un pedazo de goma, que, con suerte, confundirán con un pedazo de carne. El veneno de la serpiente cae por un embudo y llega a una probeta. Le sacamos veneno a cada serpiente cada dos semanas.

P. ¿Cuál es la serpiente más peligrosa que tiene?

R. De todas mis serpientes, la Banded Krait tiene el veneno más tóxico.

P. ¿Qué pasaría si lo mordiera?

R. En realidad, yo estoy bien protegido. En 1948 empecé a inyectarme cantidades mínimas de veneno de cobra para volverme inmune a ese veneno. Luego hice lo mismo con el veneno de otras especies.

P. ¿Una persona cualquiera, moriría inmediatamente?

R. No *inmediatamente*. Sin tratamiento, la persona podría morir en menos de 30 minutos. Pero cualquiera que esté cerca de un centro médico puede conseguir un antiveneno [un antídoto para el veneno de serpiente], y entonces se salvaría.

P. ¿Con cuántas serpientes ha trabajado en su vida?

R. Tan sólo para quitarles el veneno he levantado serpientes más de dos millones de veces.

P. ¿Lo han mordido alguna vez?

R. Sí, unas 163 veces.

P. ¿Duele?

R. Es extremadamente rápido. Se siente como un pinchazo. Ni siquiera puedes estar seguro de que te mordió con uno o dos colmillos.

P. ¿Qué es lo más extraño que le ha pasado en su trabajo?

R. Hace algunos años recibimos una llamada de un niño que había encontrado una serpiente de dos cabezas en un arroyo en Virigina del Oeste. Mi futura esposa fue y la trajo en un frasco de crema fresca; así era de pequeña. Seguramente acababa de salir del cascarón. Fue interesante. Le dimos de comer pececillos y una de las cabezas siempre competía con la otra.

P. ¿En serio tenía dos cabezas?

R. ¡Por supuesto! La criamos durante cinco años, pero desafortunadamente se murió. Llegó a medir dos pies y medio de largo.

P. ¿Le da miedo trabajar con las serpientes más mortíferas de la tierra?

R. No. Yo sigo trabajando como si tocara el piano o algo así, porque si me diera miedo entonces, ¡sería un manojo de nervios!

PIÉNSALO

¿Cuáles son los peligros del trabajo de Haast?

FÍJATE

Barry Glass realiza un trabajo muy curioso. Lee para averiguar qué siente por las criaturas que extermina.

El exterminador de plagas

Barry Glass es un exterminador, dueño del Control de Plagas Big Apple en Nueva York. Todos los días lucha contra cucarachas, ratas, ratones y otras engorrosas plagas.

P. Nickelodeon Magazine: ¿Siente miedo de las plagas con las que se enfrenta?

R. Barry Glass: Siempre tengo miedo de que una rata me muerda. Si arrinconas a una, te chilla, *hssssss,* y te muestra los dientes. Y, si no encuentra una ruta de escape, te muerde. Por suerte, a mí nunca me han mordido.

P. ¿Cree que todos los bichos deben morir?

R. No soy amante de los bichos, pero han vivido en la tierra más tiempo que nosotros. Tienen derecho a estar aquí.

P. ¿Cuál es el bicho que menos le gusta?

R. La cucaracha alemana es mi mayor enemigo, porque es la más común. Yo le digo a mis clientes: "Me va a tomar el resto de mi vida deshacerme de estos tipos".

P. ¿Alguna vez ha tenido que luchar frente a frente con algún animal?

R. Sí. Justo la semana pasada recibimos una llamada de una galería de arte. Un hombre entró al baño, se asomó al excusado y vio una rata viva. Era grande y estaba chillando. Tuve que pelear con ella con un instrumento parecido a un azadón de jardín. Y gané.

P. ¿Qué es lo mejor para atrapar un ratón, queso o mantequilla de cacahuate?

R. Un ratón come queso y come mantequilla de cacahuate, pero lo mejor son los Tootsie Rolls. Cuando pones un Tootsie Roll en una ratonera, se endurece, y el ratón no lo puede zafar. A los ratones les gusta la emoción de tratar de agarrarlo.

P. ¿Cree que las caricaturas hacen que los ratones sean más agradables de lo que realmente son?

R. Bueno, los ratones son muy nerviosos, pero sí son simpáticos. Se pasan casi toda su vida jugando y el resto del tiempo duermen.

P. ¿De qué lado está, del de Jerry o del de Tom?

R. Siempre estoy del lado de Jerry el ratón. ¡Ja!

PIÉNSALO

1. ¿Qué le da miedo a Barry Glass en su trabajo?

2. ¿En qué se parecen Bill Haast y Barry Glass?

3. Si tuvieras que elegir entre uno de estos trabajos, ¿cuál preferirías? ¿Por qué?

AZUL

por Nikki Grimes

FÍJATE

¿Qué tipo de hombre es Azul? Lee cómo Damon, el narrador, lo describe.

Azul

Tiene la piel curtida

como tinta de añil.

Es un hombre duro,

para algunos hostil,

pues feroz luce

y siempre va de negro,

de sus dientes del frente

lleva uno de oro y tres dañados.

Y yo supongo

que se vería mejor sin las gafas

que usa de día y de noche

a pie o en coche.

Incluso bajo esta coraza,

lo que muy bien sé,

es que Azul esconde

un corazón de bebé.

PIÉNSALO

¿Qué detalles del poema te ayudan a imaginar a Azul?¿Qué aprendes acerca de él?

FÍJATE

Averigua lo que siente Damon cuando conoce a Azul.

Cuando nos conocimos

Mi mamá y yo nos mudamos sin que nos tuviera que ayudar.

¿Entonces por qué "Azul" nos hace parar?

La bienvenida nos la da por mamá, me atrevo a apostar.

Lo miro de arriba abajo y le dejo saber

que su sonrisa en él no me hace creer.

Mis ojos lo miran advirtiéndole "vete a otro lado"

porque el único hombre de mi familia está aquí parado.

Él asiente. Entiende. Me calmo.

Mamá me ve mirando a Azul y me deja saber

que él es un viejo amigo y no lo debo de ofender.

Me dice que crecieron juntos hace tiempo

y yo balbuceo "esto me sorprende", pero entiendo.

Relajo mis hombros y cambio de postura.

Parece un buen tipo. Tal vez mi actitud sea muy dura.

PIÉNSALO
¿Cuál es la primera reacción de Damon hacia Azul?

FÍJATE
Lee para aprender más acerca del pasado de Azul. ¿Por qué quiere hacerse amigo
de Damon?

Segundo hijo

Desde la escalinata de la entrada

los pedazos de cielo contamos,

las nubes por el cielo pasean

entre los tejados los miramos.

¿Por qué quisiste ser mi amigo, Azul?

Le pregunto de momento.

"Tuve un hijo llamado Ezequiel", dice Azul,

"y estas calles fueron su amigo más violento".

"Él me necesitaba, pero cuando llegué

era demasiado tarde y no logré

que en su padre confiara

para que lo ayudara."

"Tu papá ausente también dejó

un vacío", dijo Azul.

"Si la amistad lo llena como un pan

las calles no te comerán."

"Qué bien", le dije yo muy serio.

"Pero el lugar de tu hijo no puedo llenar".

"Lo sé", dijo Azul, "pero tu risa

la cara de mi hijo puede conjurar".

PIÉNSALO
¿Qué palabras y frases te dicen por qué Azul quiere ser amigo de Damon?

FÍJATE
Descubre lo que quiere Azul que Damon haga.

Valiente

Un fin de semana Azul y yo

llegamos al parque con agitación.

Yo a las piedras les daba patadas

para matar el tiempo mientras Azul buscaba

un árbol grande y fuerte para la ocasión.

Me animó a enredar mi miedo

y como un cordel usar

en una rama esa soga

para muy alto trepar.

("El miedo no sirve de otra manera",

me dijo Azul con actitud certera.)

"Sabes que aquí

te estaré esperando",

creyendo que eso era todo

lo que necesitaba,

y que hacia las nubes, el cielo y el sol

me mandaba trepando.

"¡Oye! Trepar no es gran cosa:

la proxima vez iré volando."

PIÉNSALO
¿Qué aprende Damon acerca del miedo?

Castigo

El asma me robó

del fin de semana la diversión.

Me dejó malhumorado

y ahogado,

mientras el juego de pelota

seguía sin mí, según lo planeado.

Apreté el puño,

lo lanzé al cielo,

y me pregunté por qué esta maldición

de no poder respirar como es debido.

"El enojo es una pérdida de tiempo. Usa tus labios para

algo mejor que hacer pucheros."

Me dio un perro caliente,

Con todos los ingredientes, y dijo:

"Pon los labios en esto

y dime si miento

cuando digo que es la cura perfecta

para el desaliento".

Viré los ojos,

y pude haber protestado

fácilmente.

Pero tenía la boca

bastante ocupada, realmente.

FÍJATE

Lee los siguientes dos poemas. Averigua cómo está cambiando la amistad entre Azul
y Damon.

El velador

Mi pelota favorita se fue rodando,

y un niño tonto disfrazado de mí

se fue corriendo detrás y después escuchó

el ruido de una rueda de camión que resbaló.

Mis pies tercos no quisieron volar,

pero Azul extendió sus manos y me agarró por la correa

y me sentó en la acera mientras

el camión convertía mi pelota en polvo sobre brea.

Azul me llevó de la mano a casa

y luego desapareció sin decir palabra.

A veces pienso que Azul es

un ángel con diente de oro que me guarda.

Damon y Azul

Damon y Azul,

solos él y yo,

por la avenida caminamos los dos.

Puedes pavonear, te puedes deslizar,

pero en nuestros trancos te tienes que fijar.

Nadie nos gana cuando juntos vamos

Y uno junto al otro siempre caminamos.

PIÉNSALO

¿Cómo se llevan Damon y Azul? Busca los versos del poema que lo dicen.

Lee para saber lo que hace Damon cuando una fanfarrona lo patea.

La fanfarrona de la clase

Me patea en la rodilla

una niña fanfarrona.

El nombre de esa niña

es Ramona.

Yo echo humo

pero no le pego.

"Los chicos no le pegan a las chicas",

según dice Azul,

es por eso que le agarro

las muñecas hasta que

se calma,

mientras, entre risas,

niños burlones nos hacen rueda

y gritan

"¡cobarde!" pero

están equivocados,

son los chicos

que no le pegan a las chicas

los que son fuertes y educados.

PIÉNSALO

Damon explica cómo actúa un hombre fuerte y educado. ¿Estás de acuerdo con su manera de pensar? ¿Por qué?

FÍJATE

¿Qué puedes aprender acerca de Azul por medio de sus manos?

Sus manos

Sus manos

son esculturas ásperas

de dedos gruesos

y pulgares coronados

con callos orgullosos

de su trabajo,

placas de labores honestas y duras

en los muelles.

     Sus manos

son cuentos fuertes.

Los cuenta a veces

cuando

dejo que tome las mías.

PIÉNSALO
Haz una lista de detalles acerca de las manos de Azul. ¿Qué dicen acerca de él?

FÍJATE
Descubre por qué a Damon y Azul les gusta jugar baloncesto.

Entre los dos

El juego va

diecisiete a cuatro.

Pero ganar puntos

no es nuestra razón para correr

y rebotar

y saltar.

Mientras algunos

apuntan pistolas en cualquier dirección,

nosotros apuntamos

al aro

y tiramos

por pura diversión.

PIÉNSALO
¿Qué ganan Damon y Azul cuando juegan baloncesto? Explica.

FÍJATE
Lee lo que hace Damon antes de que su madre llegue a casa.

Dueño de mí mismo

Cuando mamá trabaja hasta tarde espero

con las manos ocupadas, abriendo latas de sopa y poniendo

mostaza picante en el pan de centeno con lechuga y tomates

tan delgados que por dentro se les ve el queso.

Es mi Chédar de Lujo, que a mamá le gusta

más que cualquier otra cosa. Los chicos

de enfrente dicen, "¿Qué te parece? Tú haciendo la cena como una niña".

Con un gesto ignoro sus comentarios sin riña,

y continúo complaciéndome a mí. Mis libros leo,

oigo jazz y rap, y prefiero el silencio al parloteo.

Azul dice, "¿Y qué importa eso?"

Y si cuido a mi mamá, ¿cuál es el peso?

Ella me cuida a mí.

"No seas tan ñoño", dicen los otros chicos. Pues, allá ellos.

Yo soy así.

PIÉNSALO
¿Cómo muestra Damon que él es alguien que toma sus propias decisiones? ¿Qué dicen sus acciones acerca de sus sentimientos por su mamá?

FÍJATE
Lee para averiguar para qué está Azul entrenando a Damon.

Temporada de entrenamiento

Azul y yo

boxeamos todos los días.

Azul hace que me da un hurgonazo

para demostrarme

cómo se hace.

No me molesta

ya que es él quien da los puños.

Él sólo quiere

mantenerme en forma

para enfrentarme al mundo.

PIÉNSALO
Azul le enseña a Damon mucho más que el boxeo. ¿Qué le enseña acerca de la vida?

FÍJATE
Lee para averiguar lo que Damon piensa acerca del tiroteo que hay en su escuela.

El plan

Un niño fue tiroteado

en la escuela el mes pasado.

Aún me tiemblan las rodillas

cuando recuerdo esa pesadilla.

¿Qué hace que alguien quiera tirar

con el propósito de matar?

"Es el odio", dice Azul.

"Y es el miedo.

Uno sostiene la pistola

mientras el otro la dispara.

Cuando crezcas esta cara

de la vida entenderás."

Bueno, no pienso empezar

a persona alguna odiar.

Pero el miedo

me atormenta,

y me hace caer en cuenta

de que logré uno

pero me falta otro.

Así que don miedo malo

si me escucha,

échese a un lado.

Ahora.

PIÉNSALO

¿Cómo piensa Damon evitar hacer daño a los demás? ¿Crees que va a tener éxito?

FÍJATE

Descubre lo que piensa Damon de Azul.

Como Azul

Un día

seré como Azul.

No bravo,

o vestido de cuero negro,

o tan fornido como

máquina de boxeo

o peso completo.

Seré como el Azul que

he visto.

El que dice que le importo

y lo demuestra.

El que

envía destellos dorados

cada vez que sonríe.

PIÉNSALO

1. ¿Qué piensa Damon sobre Azul ahora?

2. ¿Qué le enseña Azul a Damon?

3. ¿Te gustaría ser amigo de Azul? ¿Por qué?

LAS COSAS PEQUEÑAS SON GRANDES
adaptación de un ensayo de Jesús Colón

FÍJATE
El narrador debe tomar una decisión. Lee para saber de qué se trata.

Ya era tarde aquella noche del 31 de mayo. Ella entró al metro en la estación de la calle 34. En su brazo derecho cargaba un bebé y en su mano izquierda una maleta. A su lado caminaban dos niños pequeños, de aproximadamente tres y cinco años de edad. Era una señora bonita, blanca, de unos veinte y pico años.

En la calle N vi que se preparaba para bajarse en la siguiente estación. Era el mismo lugar en el que yo me tenía que bajar. Así como le costó trabajo subirse al metro, le iba a costar trabajo bajarse. Tenía que cuidar a dos niños pequeños, un bebé en su brazo derecho y una maleta en su mano izquierda.

Y yo estaba allí, que también me preparaba para bajar en la estación de la avenida Atlantic. Yo no cargaba nada.

Cuando el tren entraba a la estación de la avenida Atlantic, se levantó un hombre blanco. Intercambió sonrisas con los niños. Luego ayudó a la señora blanca a salir del vagón y cargó a los niños hasta la plataforma que se veía larga y vacía. Sólo había dos adultos en la plataforma.

Podía ver las empinadas y largas escaleras que conducían a la calle. ¿Debería ofrecerle mi ayuda como lo había hecho el hombre blanco? ¿Debería encargarme de la niña y el niño? ¿Debería tomarlos de la mano hasta subir las escaleras?

La cortesía es algo muy importante para el puertorriqueño. Y aquí estaba yo, un hombre de Puerto Rico. Era más de medianoche. Una maleta. Tres niños blancos. Y una señora blanca que necesitaba que alguien la ayudara.

Pero, ¿cómo yo, negro y puertorriqueño, me iba a acercar a esta mujer blanca? Sabía que podía estar prejuiciada contra los negros y cualquier persona que hablara distinto. Y estábamos en una estación de metro vacía, muy tarde por la noche.

PIÉNSALO
¿Por qué el narrador no sabe qué hacer?

FÍJATE
El narrador sigue pensando en su problema. Averigua qué decisión tomó.

¿Qué diría ella? ¿Cuál sería la primera reacción de una mujer blanca estadounidense? ¿Diría, "Sí, claro que me puede ayudar"? ¿Pensaría que me estaba pasando de amistoso? ¿O pensaría algo peor? ¿Qué haría yo si se pusiera a gritar cuando me acercara a ofrecerle mi ayuda?

¿La estaba malinterpretando? Me detuve por un largo minuto que me pareció una eternidad. Los buenos modales que un padre puertorriqueño le enseña a su hijo luchaban en mi interior. Estaba frente a frente con una situación que no podía controlar. No sabía qué hacer.

Fue un minuto muy largo. Como si no viera nada pasé de largo. Como si su situación no me importara. Como un animal que camina sobre dos patas, la ignoré. Corrí por la plataforma del metro, dejando atrás a los niños y la maleta y a ella con el bebé en el brazo. Subí los escalones de dos en dos, hasta que llegué a la calle. El aire frío me golpeó en el rostro caliente.

¡Esto es lo que los prejuicios les hacen a la gente y a una nación! Querida señora, si no estaba prejuiciada, le fallé. Sé que sólo hay una posibilidad dentro de un millón de que lea estas líneas. Estoy dispuesto a jugármela. Si no estaba prejuiciada, le fallé, señora. Le fallé, le fallé a sus hijos. Me fallé a mí mismo.

Esa noche perdí mi cortesía. Pero ahora mismo me hago una promesa. Si alguna vez me encuentro en una situación semejante, voy a ofrecer mi ayuda. Sin pensar en lo que pueda suceder.

Así podré recuperar mi cortesía.

PIÉNSALO

1. ¿Qué cosa hará diferente el narrador la próxima vez y por qué?

2. ¿Por qué está tan molesto con su comportamiento?

3. ¿Crees que el problema del narrador es común? ¿Crees que otras personas sentirían lo mismo? Explica.

¡NUNCA ESTAMOS SOLOS EN CASA!
por Arlene Erlbach

FÍJATE
Lee para saber por qué Elizabeth tiene muchos hermanos y hermanas..

Elizabeth, 15 años de edad: Soy parte de una gran familia; en total somos once niños. Es divertido. Nunca me siento sola y siempre tengo alguien con quien hablar y pasar el rato. No sé con qué compararlo, pero mi papá sí. Él fue hijo único y no le gustó, así que decidió tener una gran familia.

Cuatro de nosotros somos hijos biológicos de nuestros padres y siete somos adoptados. Seis de nosotros somos de Corea. Pero todos éramos muy pequeños cuando nos adoptaron, así que nadie recuerda que haya vivido en otro lado. Mi mamá nos ha ofrecido a los que nacimos en Corea llevarnos de visita, pero hasta ahora a la única que le ha interesado es a Kelly. Para mí, mi hogar es los Estados Unidos y no siento ninguna relación con Corea. Si se trata de hacer un viaje largo, prefiero ir a Europa.

Me gusta tener hermanos y hermanas que son más grandes y más chicos que yo, y también de mi misma edad. Mi hermana Molly tiene dieciocho años. Compartimos la ropa y vamos de compras juntas. Molly me cuenta lo que va a suceder más adelante en la escuela, por ejemplo, si los maestros son agradables, cuáles no lo son y cuáles dan mucha tarea. Luego yo le cuento mis experiencias a Jeff, que es más chico que yo. Me gusta la idea de que todos tengamos en quién apoyarnos en cuanto a información. Es más fácil enfrentar los cambios futuros en la escuela si estás preparado.

A veces tengo que cuidar a Sam, Kelly, Mike y Anna, mis hermanos más pequeños. Pueden ser muy alocados, especialmente Mike. Además, tiene un tipo de personalidad que influencia a Ann y ella también se comporta así. A veces, cuando yo soy la responsable, Ann imita todo lo que hago. Por ejemplo, les dice "¡Dejen de hacer eso!" inmediatamente después de que yo lo digo. Es divertido y me parece fantástico.

PIÉNSALO
¿Qué le gusta a Elizabeth de tener hermanos mayores y menores?

FÍJATE
¿Qué es lo mejor de ser uno de los mayores? Lee y averigua qué piensa Jeff.

Jeff, 14 años de edad: Una de las mejores cosas de pertenecer a una familia grande es que siempre hay algo que hacer y con quién hacerlo. Me gusta jugar béisbol con mis hermanos y hermanas. Debido a que, oficialmente, soy uno de los niños más grandes que viven de forma permanente en la casa, mis hermanos menores me ponen atención. Siento que tengo poder.

En mi familia, los niños mayores se encargan de lavar su ropa. A mí esto me gusta mucho. Si mi mamá lo hace (y lo ha hecho), mis hermanos agarran toda la ropa limpia. Y uno de ellos se puede quedar con una camisa que a mí me gusta mucho. Y no podré hacer nada para evitarlo porque mi mamá cree que debemos compartir lo que se pueda.

En una familia grande hay muchas cosas que compartir: juguetes, ropa y libros. A veces mis hermanos toman cosas sin preguntar. Eso no me gusta, pero tiene que suceder y ya me acostumbré.

Una de las mejores cosas de vivir en una familia grande es que mis hermanos más chicos me ven con admiración. Soy el mentor de Mike. Copia lo que hago y me sigue a todas partes. Mi mentor es Matt. Tiene veintitrés años y pronto se va a casar. Aunque no somos hermanos de sangre, somos muy parecidos. Mi mamá dice: "Te comportas como Matt cuando tenía tu edad; sus gestos son casi idénticos". Nadie más en mi familia se parece tanto. Supongo que se me pegó lo de Matt porque siempre hemos estado muy unidos.

PIÉNSALO
¿Qué piensa Jeff de los niños más pequeños de su familia? ¿A quién admira Jeff?

FÍJATE
Sam describe lo que piensa acerca de "nunca estar solo en casa". ¿Cuáles son sus puntos de vista?

Sam, 12 años de edad: Una de las cosas más divertidas de pertenecer a una familia grande es que hay muchas personas que te pueden ayudar a hacer la tarea. Si no sé algo, le pregunto a Elizabeth, Jeff o Matt. Ellos me ayudan. Muchos otros chicos no tienen esta ventaja.

Algunos de mis hermanos todavía viven en casa. Otros van a la universidad o viven solos, pero todos vienen de visita muy seguido. Así que cenamos con mucha gente. Nunca sé quién va a pasar de visita. Esto es otra cosa divertida de vivir en una familia grande.

A la hora de las comidas hay dos mesas, la mesa grande y la chica. La mesa grande es para los niños mayores, la mesa chica es para los menores. Pero no hay una edad en especial en la que nos podemos sentar en una u otra mesa. Sólo depende del espacio que hay y de quién está en casa.

En nuestra casa hay siete habitaciones. Una de ellas la usamos como cuarto de juegos. Todos tenemos que compartir un cuarto, hasta que entramos a la secundaria. En general, a mí me gusta estar acompañado, así que no me importa mucho llegar a tener mi propio cuarto. Actualmente comparto mi cuarto con Jeff. Es agradable compartirlo con él. Es ordenado y silencioso. Antes compartía el cuarto con Mike, pero es desordenado y ruidoso. Pero aunque me molestaba mucho, también era buena compañía. Ni siquiera estoy seguro de que me guste la idea de dormir solo en una habitación.

Nunca he pensado cómo sería ser hijo único. Es más divertido tener muchos hermanos y hermanas, y compartir mi cuarto.

PIÉNSALO
¿Qué le gusta a Sam de tener una familia tan grande? Lee y busca los detalles que te dan la respuesta.

FÍJATE
Kelly es una de las niñas más pequeñas. Lee y averigua qué valora más de su familia.

Kelly, 11 años de edad: Nunca me siento aburrida o sola. Siempre tengo alguien con quien hablar o jugar.

Aunque tengo hermanos y hermanas de todas las edades, hay juegos que todos podemos jugar, como el juego de cartas Ve de Pesca. Un juego así lo pueden jugar niños de todas las edades, así que es algo que podemos hacer juntos. Anna siempre quiere ganar, y si no, se molesta. Como es la bebé, a veces la dejamos ganar. Y si jugamos algo que no saben los niños más chicos, ellos nos observan. Así sabrán cómo jugarlo cuando estén más grandes.

Todos ayudamos mucho a Anna, como, por ejemplo, le enseñamos a andar en bicicleta. Mi mamá nos dice: "Anna no necesita que le ayuden tantas personas. Tiene que aprender a hacer las cosas por sí sola".

Pero todo es parte de vivir en una gran familia. Todos viven y juegan juntos y también se ayudan.

PIÉNSALO

¿Qué piensa Kelly que es lo mejor de tener muchos hermanos y hermanas?

FÍJATE

¿Crees que al penúltimo hijo le va mejor o peor? Mike explica qué se siente.

Mike, 10 años de edad: Casi todo el tiempo me gusta ser parte de una familia grande. Pero a Jeff, Sam y Bill les gusta molestarme. Me dicen cosas como "débil". Esto probablemente sucede porque soy el segundo más chico de la familia. Los ignoro, y como sé lo que se siente que te molesten, yo nunca molesto a nadie en la escuela. Así que crecer en una familia grande me permite experimentar situaciones que me han enseñado a tratar a los demás.

Casi todo es bueno de vivir en una familia grande. Siempre tengo alguien con quien jugar y alguien que me ayude a hacer mi tarea. Si me siento solo o aburrido, siempre puedo pedirle a Kelly que juegue conmigo. También juego mucho con Anna.

Jugar con Anna me hace sentir mayor y responsable. Digamos que estamos jugando y ella deja sus juguetes tirados en el suelo. Yo recojo un juguete y ella hace lo mismo. Esto me hace sentir como adulto porque sirvo de ejemplo para alguien menor. Mis hermanos mayores hicieron lo mismo conmigo y ahora yo puedo ser un ejemplo para Anna.

Además de ser el penúltimo de la familia, tengo otro lugar especial dentro de la familia. Nací el Día de Acción de Gracias. Así que no sólo celebramos el Día de Acción de Gracias en mi casa, sino también mi cumpleaños. Es realmente fabuloso.

Las vacaciones son muy importantes en mi casa. Los hermanos y las hermanas que ya no viven en casa vienen de visita. En el momento en el que cruzan la puerta, todos nos abrazamos. Son realmente maravillosos. Es muy divertido cuando todos estamos juntos otra vez.

PIÉNSALO

1. ¿Qué tiene de especial para Mike ser el penúltimo hijo?

2. ¿Cuáles son algunas de las cosas que más les gusta a los niños de pertenecer a una gran familia?

3. Si tú fueras parte de esta familia, ¿te gustaría ser uno de los hermanos menores o de los mayores? Explica tu respuesta.

Goodbye, Falcon

ADIÓS, HALCÓN
por Wenceslao Serra Deliz

FÍJATE
Averigua lo que el narrador compra un día que va camino a su casa.

A veces en la vida nos suceden cosas que parecen dignas de un cuento. Cosas que recordamos como si fueran parte de un sueño real y verdadero.

Lo que les voy a contar me sucedió a mí. Todo empezó en Barranquitas, una preciosa y bonita ciudad que descansa entre verdes montañas en el centro de Puerto Rico.

Era la una de la tarde y aunque ya era el mes de julio, el clima estaba fresco. Viajaba en el carro de un amigo. Regresábamos de nuestro trabajo y nos dirigíamos a casa. Justo en la salida en la que el camino empieza a trepar por la verde montaña, nos llamó un niño. Cuando mi amigo detuvo el carro, el niño nos mostró lo que tenía en la mano y gritó: "¡Son dos halcones! ¡Un peso cada uno!". Los dos polluelos, asustados, descansaban en un nido de paja, a lo mejor el mismo en el que habían nacido. Aún no tenían plumas y su piel era muy delgada, casi transparente. Sus corazones latían con tal fuerza que parecía que iban a reventarles en el pecho.

Compré los dos y le regalé uno a mi amigo. Sabía que aunque estaban asustados, los dos pájaros querían crecer, y algún día, volar en lo alto del cielo…

PIÉNSALO
¿Qué detalles te sirven para imaginarte a los halcones?

FÍJATE
El halcón crece. Lee y averigua cómo cambia.

El resto del trayecto hablé con mi amigo de las aves. El halcón es pariente del guaraguao y se parecen mucho. Los halcones habitan en el campo de Puerto Rico y prefieren las montañas más cálidas. Sus plumas son del color del lodo de la montaña, con puntos negros. Usan sus poderosas garras para atrapar lagartijas e insectos para comer. A los halcones les gusta volar con sus parejas.

Cuando llegué a mi casa en el residencial Las Lomas en el pueblo de Río Piedras, metí al diminuto y transparente polluelo en una pequeña jaula de alambre. Lo dejé dentro de mi cuarto sobre el escritorio. Con el transcurso de los días, observé que, en la pared, en la silla y en una parte de la cama, había pequeñas manchas blancas. El pájaro estaba creciendo y como la jaula era demasiado pequeña, había ensuciado todo lo que tenía a su alrededor. Tuve que hacer una jaula más grande y sacarlo al patio, de donde ya no lo movería.

Las semanas pasaron lentamente. Empezaban a aparecerle plumas color lodo. Su cuerpo crecía lentamente, como crece un niño. Semana a semana notaba pequeñas diferencias. Es emocionante ver cómo crece un ser vivo: un conejo, un perro, un pequeño pájaro o un árbol que plantamos… Todos podemos disfrutar de esta enorme felicidad si aprendemos a ver y sentir los seres vivos que nos rodean.

Pasaron los meses y pronto, dentro de la jaula en el patio, había un hermoso halcón adulto. Pero me di cuenta de que había algo raro. En los ojos tenía una mirada cansada que chocaba con su belleza salvaje. Sus gritos, agudos, eran como una queja constante. Parecían decir otra vez que la jaula era demasiado pequeña. El mensaje era claro: ya no soportaba su cautiverio; sus ojos necesitaban un mundo de luz, de árboles verdes y de brisas azules...

PIÉNSALO

¿Por qué la jaula ya no es el mejor lugar para el halcón? ¿Qué detalles te indican esto?

FÍJATE

El narrador deja al halcón en libertad. Lee y averigua qué sucede.

Esa misma tarde le abrí la jaula, como un amigo que le extiende su mano a otro. El halcón, sorprendido, volteó a su alrededor. En ese instante no sabía qué hacer, todo era demasiado novedoso para él. Tuve que sacarlo con mi mano. Con sus enormes garras se aferraba a mí, asustado y tembloroso. Lo arrojé al aire y sólo voló un poco, suficiente para posarse en la horqueta de un árbol de pana que estaba en la finca del vecino. Ahí permaneció mucho tiempo, hasta que las sombras de la noche empezaron a arroparlo todo.

La noche parecía un pájaro de enormes alas negras repleto de pequeñas luces. Pensé en el joven halcón que había volado hacia un nuevo mundo. En ese momento, para él, empezaba una nueva libertad, iluminada por las estrellas y las luciérnagas, y perfumada por las sencillas flores del morivivi...

Al amanecer del día siguiente me despertó el chillido del halcón y el ruido de sus alas en los árboles. Seguro tenía hambre. Era un cazador que aún no sabía cazar.

Me levanté de la cama, fui al refrigerador y saqué un trozo de carne. Salí rumbo a la granja y vi al halcón en lo alto del árbol. Cuando me vio, comenzó a descender por las ramas. Cauteloso, me observaba. Daba la impresión de que no quería cambiar su libertad por la jaula del patio. Suavemente le acerqué mi mano, diciéndole que tenía asegurada su libertad. Hábilmente se equilibró en una de las ramas más bajas y abrió sus enormes alas en el frío amanecer. Con rapidez agarró la carne y voló a uno de los pinos más altos de la finca. Yo lo veía con placer y tristeza. Tristeza, porque sabía que pronto no lo vería más. Con placer, porque el halcón era muy feliz en su recién descubierto mundo verde...

Desde ese momento, mi amigo decidió comer tres veces al día, como nosotros. Tres veces al día bajaba del pino más alto: en la mañana, al mediodía y al atardecer. Con cariño, le ofrecía un pedazo de carne con mi mano. Lo veía desde lo alto y se preparaba para el ataque, clavándose como una flecha.

Luego, aterrizaba en mi brazo. Siempre tuvo cuidado de no rasguñarme con sus fuertes garras. Agarraba la carne con el pico y volaba de regreso. Todos los días sucedía lo mismo. Vinieron muchas personas a verlo, ya era famoso. Una amistad entre un ave de rapiña y un hombre no son cosas de todos los días.

PIÉNSALO

¿Por qué crees que el halcón regresa todos los días a donde está el narrador?
Busca la parte del cuento que te da la respuesta.

Lee y averigua lo que sucede en las últimas visitas del halcón. ¿Qué transformación está ocurriendo?

Una tarde ocurrió algo gracioso. En el momento en el que le ofrecí su acostumbrado alimento, descendió tan abruptamente que no pudo aterrizar en mi brazo. Agitó sus alas frenéticamente sobre mi cabeza y sentí como me hundía las garras en el cabello en un esfuerzo por mantener el equilibrio. No sentí miedo porque me había dado cuenta de que mi cariñoso amigo hacia un esfuerzo por no lastimarme. Pude alzar el brazo y darle su comida. La agarró y regresó al murmullo de los verdes árboles que lo esperaban.

Me sorprendí cuando un día me di cuenta de que sólo bajó a comer dos veces. Me tenía preocupado. Tiempo después, cuando lo vi volando acompañado por una pareja de su mismo color, entendí lo que estaba pasando. Ya tenía compañía y con ella estaba aprendiendo a cazar.

Pronto sólo bajaba una vez al día. Su pareja lo esperaba en una de las ramas bajas del pino. No quedaba duda: ya sabía cómo trabajar para conseguir su alimento y era verdaderamente libre. Pensé que ya sólo regresaba por comida para verme y despedirse.

A partir de este momento, sus visitas dejaron de ser frecuentes. El día que ya no me visitó me di cuenta de que durante los últimos días se había estado despidiendo. Mi amigo aprendió a amar la libertad que ganó, paso a paso, mediante un esfuerzo diario. No creo que haya sido fácil para él, pero el resultado final debió de ser más feliz para él que los muros de su jaula de metal.

Adiós, halcón. Conocerte me ayudó a darme cuenta de que es posible tener amigos en el aire, en los árboles, en los nidos. Aprendí que también los animales sienten miedo de lo desconocido y aun así se esfuerzan por aprender a ser libres. Siempre te recordaré como parte de las montañas en las que te conocí. Del cielo en el que volabas. Del amanecer y del atardecer...

PIÉNSALO

1. ¿Cómo sabes que el halcón está listo para vivir solo?

2. ¿Qué aprende el narrador de su experiencia con el halcón?

3. ¿Cómo reacciona el narrador cuando el halcón lo abandona? ¿Te sentirías igual?

de CICATRICES Y FRANJAS
por Thomas Cadwaleder Jones

En Washington, D.C., se erigió un monumento en honor a los estadounidenses que murieron en la Guerra de Vietnam. Este monumento lo diseñó una joven estudiante de arte llamada Maya Lin. Ella creó dos enormes muros. Cada muro mide cerca de 245 pies de largo. En los muros es posible leer los nombres de todos los estadounidenses que murieron durante la guerra. Hay más de 58,000 nombres escritos en los muros.

La obra *Cicatrices y franjas* ocurre frente al monumento. Lo que sigue es un fragmento de esa obra.

FÍJATE

Lee la lista de personajes, la ambientación y las instrucciones para el escenario. El narrador quiere encontrar el nombre de su padre en el muro. Lee para averiguar cómo lo hace.

Personajes:

Niño. P.Y. Flagg, un adolescente

Niña. Jewel Robinson, una adolescente

Escenario. *Frente al "muro", el Monumento a los Veteranos de Vietnam en Washington, D.C.*

(El niño está leyendo uno por uno los nombres grabados en la pared. La niña lo observa por un rato.)

Niño: Sólo estoy calculando como cuántos nombres hay ahí y cuánto tiempo me tomará encontrar el suyo.

Niña: Hay un directorio.

Niño: Ya lo sé.

Niña: Todo lo que tienes que hacer es buscar su nombre. Yo te digo dónde está.

Niño: ¿Que no me escuchaste? Ya lo sé.

Niña: Entonces, hazlo.

Niño: Te dije que esto es especial.

Niña: ¿Y?

Niño: ¿Qué tiene de especial buscar un nombre en un directorio y llegar directamente a él? No, voy a empezar en un extremo y voy a leer todos los nombres hasta que encuentre el suyo.

Niña: Eso te puede tomar mucho tiempo.

Niño: Tengo tiempo de sobra.

PIÉNSALO

¿Por qué el niño está buscando "de la manera más lenta"?

(Silencio. Se acerca al muro y empieza a leer los nombres. Los lee en voz baja. Ella lo observa y finalmente habla. Lleva pensando en esto desde hace un rato.)

Niña: ¿Cuándo murió tu padre exactamente?

Niño: No lo sé.

Niña: ¿No te lo dijo tu abuelo?

Niño: Nadie me ha dicho nada.

Niña: ¿No tenían cartas? ¿Tu padre nunca les escribió?

Niño: Sí lo hizo, pero el abuelo censuraba el correo.

Niña: ¿Por qué hacía eso?

Niño: Porque odiaba a mi papá por irse a la guerra y me odiaba a mí porque me parecía a él.

Niña: ¿Y el otro niño, qué?

Niño: ¿Qué otro niño?

Niña: El amigo de tu padre. El que aparece en la foto que me mostraste. ¿Nunca le preguntaste por tu papá?

Niño: Se fueron juntos.

Niña: Oh.

Niño: Supongo que eran muy buenos amigos, o algo así. Cuando Topper finalmente regresó yo era sólo un niño. Pero sí me acuerdo cómo se veía cuando lo bajaron del camión. Yo estaba parado, mirando, pensando que ya no se parecía a Marlon Brando. Y que no podría andar en su motocicleta nunca más. La gente del pueblo dijo que su familia tan sólo estacionó su silla de ruedas en la esquina de uno de los cuartos de arriba y que ahí se quedó hasta que se murió.

Niña: ¿Lo abandonaron?

Niño: Algo así. Me acuerdo que, años después, llegué a ver algo estacionado bajo un nogal en el patio del frente de los Williams. Estaba totalmente cubierto con un pedazo de lona verde viejo. Una primavera ocurrió una fuerte tormenta y voló la lona. Y allí estaba parada, negra y reluciente, la motocicleta Harley-Davidson.

Niña: La de la foto.

Niño: Lo más chistoso es que nunca nadie volvió a taparla. Válgame, como quería yo esa motocicleta. Otra primavera cayó otra fuerte tormenta y la motocicleta se cayó de lado. Una mañana que iba para la escuela, ahí estaba tirada. Todo el tiempo me preguntaba si alguien iba a salir de la casa y la iba a levantar, pero nadie lo hizo. Así que una mañana me acerqué, salté la valla y luché con la motocicleta hasta pararla otra vez.

Niña: Bien hecho.

Niño: (*le lanza una mirada*) ¿Te gustó eso, verdad?

Niña: Bueno, alguien tenía que hacer algo.

Niño: Después de que Topper murió, le pusieron a la motocicleta un letrero. Escrito a mano. Pintura negra sobre cartulina blanca. "Se Vende-Varata." V-A-R-A-T-A. Hasta yo sabía que estaba mal escrito.

Niña: Debiste comprarla.

Niño: Lo hice.

Niña: Bien hecho, otra vez.

Niño: Bueno, tenía una foto de mi papá y él, y eran amigos. Sólo la compré para evitar que otro la comprara. No valía nada, las llantas estaban podridas...

Niña: Pero la compraste; eso es lo importante.

Niño: Debo haber empujado esa motocicleta unas siete millas fuera de la ciudad. Fue eterno por lo de las llantas. La envolví en una vieja bandera de los Estados Unidos que había arrancado del asta de la secundaria. Inventé una oración. Y la empujé sobre una saliente en algún lugar del puente de la carretera 40 en la bifurcación este del río White.

Niña: Estuvo bien lo que hiciste.

PIÉNSALO

Describe tres cosas que el niño hace con la motocicleta. ¿Por qué las hace?

FÍJATE

Averigua cómo los niños quieren acabar con las guerras.

Niño: Cuando estaba chico, aunque sabía de la guerra, le pregunté a mi abuelo si me iban a mandar allá igual que a mi papá. Nada más se rió. "No, hasta que cumplas los dieciocho, hijo". Me dijo: "...No, hasta que cumplas los dieciocho..."

Niña: Yo también, cuando estaba chica, le pregunté a mi mamá si mandaban a las niñas a pelear en la guerra.

Niño: ¿Qué te dijo?

Niña: "No si te portas bien y te comes las espinacas." (*Los dos se ríen ante la imagen.*) Siempre decía cosas así cuando yo era pequeña. Cosas que no tenían mucho sentido. También se reía mucho. Y entonces llegó el señor Perfecto y todo cambió…

(*Silencio. Se miran fijamente. Él cree que ella le ha contado algo; no sabe qué. Continúa su búsqueda en el muro.*)

Niño: Nunca me imaginé que 58,000 fueran tantos nombres... quisiera...

Niña: (*Ella lo observa. Sigue pensando en la pérdida de su padre y en el sustituto, señor Perfecto.*) Cuidado con lo que pidas, puede convertirse en realidad.

Niño: (*Le lanza una mirada.*) ... Si todos los que hicieran las guerras tuvieran que leer todos esos nombres...

Niña: Uno por uno... como lo estás haciendo...

Niño: A lo mejor ya no habría guerras, ¿no? Si tuvieran que detenerse un minuto en cada nombre... cada uno de los 58,000... pensando en los que murieron... ¿Como cuánto crees que eso tomaría?

Niña: (*Ella piensa, hace el cálculo mentalmente.*) ... Cuarenta días...

Niño: ¿Haces eso de memoria?

Niña: 58,000 minutos... dividido entre sesenta son 966 horas... dividido entre 24... son cuarenta días... Si te tardas un minuto leyendo cada nombre, vas a estar aquí mucho, pero mucho tiempo; es lo menos que se puede decir.

PIÉNSALO

¿Qué creen los niños que deberían hacer las personas que empiezan las guerras? ¿Por qué?

FÍJATE

¿Encontrará el niño el nombre de su padre? Lee para saber si lo encuentra.

Niño: Hace un rato, creí que había perdido el sitio por donde iba. Hasta creí que a lo mejor lo había saltado, que lo tuve enfrente y no lo había reconocido, pero lo encontré. Todos estos nombres acaban por confundirse, si no encuentras uno que conoces.

Niña: Mira, ven acá un minuto... Te quiero mostrar algo. (*Ella se acerca a un lugar más adelante de donde él ha estado buscando.*)

Niño: No voy a encontrar otra vez el lugar en el que voy leyendo.

Niña: Sí lo encontrarás. Yo sé en dónde te quedaste. Ven acá.

Niño: (*Él se acerca.*) Bueno, ¿qué?

Niña: Mira arriba. (*Señala un lugar especial en el muro.*)

Niño: ¿Dónde?

Niña: Justo ahí. Ése es el nombre de mi padre. Julius A. Robinson. ¿Ves?

Niño: (*lo encuentra*) Sí.

Niña: Ése es un nombre que debes conocer. Porque como que nos conocemos.

Niño: (*De repente su rostro cambia.*) Ay, no es...

Niña: ¿Qué? (*Ella se le queda mirando a él, no al muro.*)

Niño: Ay, no es cierto...

Niña:	¿Qué pasa?
Niño:	(*Se aproxima al muro*) Ay, mira...
Niño:	El nombre de mi padre.
Niña:	Phileas T. Flagg.
Niño:	Es él...
Niña:	Lo he de haber visto cientos de veces... Y nunca significó nada para mí, hasta ahora.
Niño:	Es él; tiene que ser...
Niña:	(*mirándolo*) El niño de la foto...
Niño:	¡Oh, dios mío!... es él, es mi papá.
Niña:	(*Mirando al muro*) Murió en 1969.
Niño:	Así es.
Niña:	El mismo año que declararon a mi padre como desaparecido.
Niño:	Lo encontré. Encontré su nombre...

(La luz se apaga mientras los niños miran fijamente el nombre.)

PIÉNSALO

1. ¿Qué tenían en común los dos papás?

2. ¿De qué manera honrar al amigo de su padre ayudó al niño?

3. ¿Qué sentimientos comparten los dos niños al final? Explica tu respuesta.

MAYA LIN: ESCULTORA DE MEMORIAS
por **Tamiko Sasaki**

Desde que Maya Lin diseñó el Monumento a los Veteranos de Vietnam ha diseñado otras obras importantes. Sus obras sirven para que la gente recuerde los eventos más importantes en la historia de la nación.

En 1987, Maya diseñó un proyecto para el movimiento a favor de los derechos civiles. El doctor Martin Luther King, Jr., había hablado de la justicia que caería como el agua. Estas palabras le dieron a Maya la idea de usar agua en movimiento. Creó un disco de granito negro y una pared de nueve pies. En el disco están los nombres y las fechas que marcan la historia de los derechos civiles. En la pared están las palabras del doctor King. Encima de los dos cae agua. Las personas pueden tocar el agua que fluye encima de los nombres.

En la década de los noventa, Maya diseñó un proyecto para honrar a las mujeres de la Universidad de Yale. Su obra es una mesa de granito verde. Por un agujero del centro fluye agua. Un círculo de números indica cuántas mujeres asistieron a Yale cada año. Durante los primeros 200 años, a las mujeres no se les permitía estudiar en esta universidad. Para dejar esto en claro, Maya llenó el centro del círculo con ceros.

Las obras de Maya ayudan a las personas a recordar la historia. También ayudan a curar las heridas provocadas por algunos sucesos.

LOS BOSQUESDELOESTE

por Eleanor Farjeon
adaptación de Aaron Shepard

Personajes:

Narrador 1	**Princesa de los Pantanosdeleste**
Narrador 2	**Princesa de las Montañasdelnorte**
Rey John	**Princesa de las Tierrasdelsur**
Selina	**Rey de las Montañasdelnorte**
Ministro 1	**Rey de las Tierrasdelsur**
Ministro 2	
Ministro 3	

FÍJATE

El rey John tiene que resolver un problema. Lee para saber de qué se trata.

John: *(leyendo su poema y escribiendo las últimas palabras)*
Sé que eres más dulce que los pastizales en junio,
Y tan brillante como una estrella que observa la luna.
Extraño mi pasto, y sueño con mi estrella,
Aunque no tengo la menor idea...
de... quién... sea.

Narrador 1: Cuando el joven rey de Trabajarundía terminó de escribir su poema, Selina la Mucama tocó a la puerta.

John: *(molesto)* ¿Qué pasa, Selina?

Selina: *(abre y entra)* Tus ministros te buscan.

John: ¡Estoy ocupado!

Selina: "¡En este instante!", dijeron.

John: Bueno, ve y diles...

Selina: *Yo* tengo que *limpiar.*

Narrador 1: El rey se quejó y dejó la pluma sobre el escritorio.

Selina: *(mirando a su alrededor)* Supongo que mientras atiendes a los ministros puedo limpiar el cuarto.

John: Sí, pero no toques el escritorio, *por favor.* Siempre te lo tengo que *repetir.*

Selina: *(soportándolo)* Ay, está bien.

Narrador 1: El rey la mira con enojo mientras se dirige al Salóndestado.

Narrador 2: El Reino de Trabajarundía quería una reina y sus ministros habían venido a decírselo al rey.

Ministro 1:   ¡Ya es mayor de edad, su Majestad!

Ministro 2:   ¡Es hora de que busque una esposa!

Ministro 3:   ¡Y, por supuesto, debe ser una princesa!

John: ¿Qué princesas *hay* por aquí?

Narrador 2:   ... preguntó el joven rey, cuyo nombre era John porque, como decía su padre, el viejo rey, el nombre John funcionaba bien, y no era un disparate.

Narrador 1:   En el Reino de Trabajarundía no creían en los disparates, y se concentraban tanto en su trabajo que no podían ver más allá de sus narices. Pero hacían muy bien sus trabajos; y era la responsabilidad de los ministros asegurarse de que su rey se casara con una princesa, y la responsabilidad del rey la de casarse con ella. Así que John no se quejó.

Narrador 2:   Los ministros consultaron sus listas.

Ministro 1:   Está la princesa de las Montañasdelnorte, el país que está encima de Trabajarundía en el mapa.

Ministro 2:   También está la princesa de las Tierrasdelsur, que está abajo.

Ministro 3:   Y está la princesa de los Pantanosdeleste, que está del lado derecho.

PIÉNSALO

¿Qué quieren los ministros que haga el rey? ¿Por qué?

FÍJATE

¿Cumplirá el rey John sus deseos?

John: Y, ¿qué me dicen de los Bosquesdeloeste, que están a la izquierda?

Narrador 2:   Los ministros se pusieron serios.

Ministro 1:   No *sabemos* lo que hay en el Oeste.

Ministro 2:   Nadie, hasta donde sabemos, ha ido allí.

Ministro 3:   ¡Nadie ha cruzado la cerca que está entre nosotros y el país de más allá!

John: Mmm. Mañana voy a cazar en los Bosquesdeloeste y lo averiguaré.

Ministros 1, 2 & 3:   *(aterrados)* ¡Señor, está prohibido!

John: *(pensativamente, se dice a sí mismo)* ¡Prohibido!

Narrador 1:   Y en ese momento John recordó que en su infancia sus padres le habían advertido que nunca debía ir a los Bosquesdeloeste.

Narrador 2:   Las madres de Trabajarundía *siempre* advertían a sus hijos de los peligros que había más allá de la cerca. Y a ningún niño de Trabajarundía se le quitaban las ganas de ir a los Bosquesdeloeste, hasta que eran adultos y se casaban y tenían sus propios hijos. Y entonces, les advertían a sus hijos de los peligros que nunca habían visto.

John:	¡Mañana voy a cazar a los Bosquesdeloeste! *(se dirige a la salida)*
Ministros 1, 2 & 3:	*(ruido de asombro)*
Narrador 1:	Entonces, fue a decirle a Selina que sacara sus cosas. Pero la encontró apoyada en su escoba sobre el escritorio, leyendo lo que él había estado escribiendo.
John:	¡No *hagas* eso!
Selina:	Ay, está *bien.*
Narrador 2:	Se puso a sacudir el estante de la chimenea. El rey se quedó esperando que ella dijera algo, pero como no lo hizo, entonces él tuvo que hacerlo.
John:	*(con frialdad)* Mañana voy a salir a cazar. Quiero que recojas mis cosas.
Selina:	¿Adónde vas a cazar?
John:	A los Bosquesdeloeste.
Selina:	*(con incredulidad)* ¡No es cierto!
John:	*(exasperado)* ¡Entiende que lo que digo es en serio!

PIÉNSALO

¿Por qué quiere ir el rey a los Bosquesdeloeste?

FÍJATE

¿Qué crees que va a encontrar el rey en los Bosquesdeloeste?

Narrador 1:	Selina se puso a sacudir el escritorio y con un suave movimiento del sacudidor provocó que los papeles del rey se cayeran al suelo. El rey, enojado, los recogió, dudó un instante y se sonrojó.
John:	*(con inseguridad)* Así que *leíste* esto, ¿no?
Selina:	*(sigue sacudiendo)* Um-mm.
John:	*(esperando que ella dijera algo más)* ¿Y?
Selina:	*(se detiene y lo voltea a ver)* Es parte de una poesía, ¿no?
John:	*(irritado)* Sí.
Selina:	Eso pensé. Bueno, creo que el cuarto ya quedó.
Narrador 2:	Y se salió del cuarto. El rey estaba tan enojado con ella que arrugó el papel con el poema y lo arrojó al bote de la basura.
Narrador 1:	Llegó la mañana siguiente y el rey, montado en su caballo blanco, se dirigió a los Bosquesdeloeste. Muy pronto llegó a la cerca y la saltó.
Narrador 2:	Su primera sensación fue de decepción. Enfrente había una barrera de ramas. En la barrera se había quedado atrapado todo tipo de cosas rotas: cuadros desprendidos y muñecas rotas, trompetas oxidadas, canicas de cristal astilladas y libros inservibles sin portadas.

Narrador 1:	Cruzó a caballo en medio de la barricada de basura y encontró un terreno baldío y plano de arena gris, plano como un plato, y como un desierto en cuanto a tamaño. Y, a pesar de lo plano, no alcanzaba a ver dónde terminaba.
Narrador 2:	El rey le dio vuelta a su caballo, cruzó la barrera y saltó al otro lado de la cerca, a Trabajarundía.
Ministro 1:	¡Señor, ha regresado!
Ministro 2:	¡Gracias a Dios, está a salvo!
Ministro 3:	*(con preocupación)* ¿Qué fue lo que vió?
John:	¡A nada y a nadie! Mañana iré a las Montañasdelnorte y empezaré mi cortejo.
Narrador 1:	Y se fue a su cuarto.
John:	*(llamándola)* ¡Selina! ¡Haz mi maleta!
Selina:	*(entra)* ¿Para dónde vas?
John:	A las Montañasdelnorte, a ver a la princesa.
Selina:	Necesitarás el abrigo de piel y los guantes de lana.
Narrador 2:	Y fue a buscarlos.
Narrador 1:	El rey pensó que a lo mejor su poema podría serle útil, pero cuando buscó en el bote de la basura, descubrió que Selina ya lo había vaciado.
Narrador 2:	Se enojó tanto que, cuando ella le llevó su vaso de leche caliente a la hora de dormir, no le dijo "buenas noches".
Selina:	*(indignada)* ¡Mmmm! *(y se va)*

PIÉNSALO

¿Por qué decepcionan los Bosquesdeloeste a John?

FÍJATE

Lee para descubrir qué encuentra John en las Montañasdelnorte.

Narrador 1:	Al día siguiente, el rey cabalgó hacia las Montañasdelnorte.
Narrador 2:	Ahí no sólo hacia frío, ¡estaba congelado! Había algunas personas en las calles, pero nadie volteó a verlo siquiera.
John:	*(a sí mismo)* Nunca, en toda mi vida, he visto rostros tan rígidos y fríos.
Narrador 1:	El rey se apresuró hacia el palacio que descansaba sobre un glaciar en la cima de una montaña.
Narrador 2:	El Salón del Trono era totalmente blanco y se sentía como si fuera un refrigerador. El rey de las Montañasdelnorte estaba sentado. En el extremo opuesto, su corte estaba de pie, todos tiesos como estatuas. A

los pies del rey, estaba sentada la princesa del Norte, totalmente cubierta con un velo nevado.

Narrador 1: Nadie se movió ni habló. John se armó de coraje y se resbaló por el suelo congelado hasta el trono del rey.

John: *(al rey)* He venido a cortejar a su hija.

Narrador 2: El rey inclinó muy levemente la cabeza en dirección a la princesa. John no tenía la menor idea de cómo empezar. ¡Si tan sólo pudiera recordar su poema! Hizo lo que pudo, hincándose frente a la figura silenciosa.

John: *(Recitando en voz alta sin pensar en el significado de lo que dice)*
Eres más blanca que los copos de nieve, eres más fría que el hielo.
No puedo ver tu rostro, y a lo mejor es feo.
No quiero casarme con una dama de las nieves.
Vine a pedirte en matrimonio pero quiero que me lo niegues.

Narrador 1: Cuando John terminó su propuesta de matrimonio, sobrevino tal silencio que empezó a creer que había dicho mal su poema. Esperó unos cinco minutos, hizo una reverencia y se deslizó fuera del Salón del Trono. Cuando llegó afuera, saltó sobre su caballo y cabalgó lo más rápido que pudo de regreso a Trabajarundía.

Narrador 2: Sus ministros lo esperaban con impaciencia.

Ministro 1: ¿Salió todo bien?

Ministro 2: ¿Está todo arreglado?

John: *Perfectamente* arreglado.

Ministro 3: *(jubiloso)* ¡¿Y cuándo se llevará a cabo la boda?!

John: ¡Nunca!

Narrador 1: Y se fue a su cuarto.

John: *(con un escalofrío)* ¡Selina! ¡Enciende la chimenea!

Narrador 2: Selina era buena para encender fuegos y en menos de lo que canta un gallo ya tenía uno listo. Mientras atizaba el fuego, preguntó:

Selina: ¿Qué tal te pareció la princesa del Norte?

John: No me gustó nada.

Selina: ¿No te *aceptó*, verdad?

John: *(indignado)* ¡Aprende cuál es tu lugar, Selina!

Selina: Ay, está bien. ¿Alguna otra cosa?

John: Sí, desempaca mi baúl y vuélvelo a empacar. Mañana voy a visitar a la princesa de las Tierrasdelsur.

Selina: Necesitarás el sombrero de paja y las pijamas de lino.

Narrador 1: Y se dirigió a la puerta.

John: ¿Uh... Selina... mm... te acuerdas de dónde... mm... quedó... aquel pedazo de poesía?

Selina: *(enfadada)* ¡Tengo demasiado qué hacer como para preocuparme por aprender poesía!

Narrador 2: Se fue, pero el Rey estaba tan enojado que, cuando regresó con una bolsa de agua muy caliente para su cama, ni siquiera le dijo "gracias".

Selina: ¡Hmmm! *(se va)*

PIÉNSALO
¿Cómo le fue al rey John en las Montañasdelnorte?

FÍJATE
Lee y averigua cómo le va a John en las Tierrasdelsur.

Narrador 1: Al día siguiente, el joven rey se dirigió a las Tierrasdelsur, y para empezar, el viaje le pareció agradable.

Narrador 2: Pero, para cuando llegó, el sol quemaba tan fuerte que el caballo casi no podía mover las patas, y al rey le corría el sudor por la frente.

Narrador 1: La ciudad real estaba tan silenciosa como el sueño y no había gente en las calles. El caballo del rey arrastró las patas hasta las puertas del palacio. Con un gran esfuerzo, el rey se bajó de su silla de montar y se dirigió al Salón del Trono.

Narrador 2: Allí, sentado sobre un sofá dorado, estaba el rey de las Tierrasdelsur, mientras que a sus pies estaba la princesa holgazanamente recostada sobre una masa de almohadas doradas. A lo largo y ancho del cuarto haraganeaba la corte, sobre sillones de oropel repletos de almohadas.

Narrador 1: La princesa *era* muy hermosa, pensó John, pero muy, muy gorda. Su padre era aun más gordo.

John: *(al rey)* He venido a cortejar a su hija.

Narrador 2: La sonrisa del rey se ensanchó y se adormiló más. John pensó que lo mejor era empezar. Pero le faltaron no sólo palabras, sino energía, y decidió, si es que podía, recuperar su poema perdido. Se hincó ante la dama.

John: Eres más gorda que la mantequilla que uno derretiría al fuego.
Eres mucho más gorda de lo que yo deseo.
Cuando te miro, mi valentía comienza a escurrirse.
Te propongo matrimonio, pero espero que digas que no.

Narrador 1: La princesa bostezó justo enfrente de su cara. Como no pasó nada, John se dirigió a la salida, se subió a su caballo y paso a pasito regresó a Trabajarundía.

John: *(para él mismo)* No creo que ése *fuera* mi poema.

Narrador 2:   Los ministros lo esperaban ansiosamente.

Ministro 1:   ¿Está todo arreglado?

Ministro 2:   ¿Están de acuerdo usted y la princesa del Sur?

John: *(aburrido)* En todo.

Ministro 3:   ¡¿Y cuándo se convertirá en su esposa?!

John: Nunca.

Narrador 1:   Y se metió a su cuarto.

John: *(limpiándose el sudor)* ¡Selina! ¡Tráeme un jugo de naranja helado!

Narrador 2:   Ella sabía preparar muy bien los jugos y pronto le tenía listo el suyo. Mientras se lo bebía, ella le preguntó:

Selina: ¿Cómo te fue con la princesa del sur?

John: No me fue.

Selina: No te *aceptaron*, ¿verdad?

John: ¡Recuerda cuál es tu lugar, Selina!

Selina: Ay, está bien. ¿Es todo por ahora?

John: No. Mañana voy a visitar a la princesa de los Pantanosdeleste.

Selina: Necesitarás la gabardina y las botas.

Narrador 1:   Ella recogió el bulto y empezó a salir de la habitación.

John: ¡Selina, espera! ¿En dónde pones lo que encuentras en mi bote de basura?

Selina: Se lleva al depósito de basura.

John: ¿Ya limpiaron el depósito esta semana?

Selina: ¡Hice que el que recoge la basura viniera especialmente! Parecía que estaba *muy lleno* de basura.

Narrador 1:   Su respuesta enfadó tanto al rey, que cuando ella regresó para decirle que su baño de agua fría estaba listo, él sólo golpeó la ventana como si ella no estuviera ahí.

Selina: ¡Hmmm! *(se va)*

PIÉNSALO

¿Por qué crees que el rey John no tiene suerte para convencer a las princesas de que se casen con él?

FÍJATE

John va a los Pantanosdeleste. Lee y averigua si tiene más suerte.

Narrador 1:   Al día siguiente, en su camino hacia los Pantanosdeleste, el rey fue recibido por un fuerte y ruidoso viento que casi lo tira de la silla de montar. El campo era inhóspito y húmedo.

Narrador 2: La ciudad era de piedras grises sin cosas bonitas. Parecía que todos tenían prisa e iban de un lado a otro, gritando lo más fuerte que podían mientras se apuraban con sus cosas.

Narrador 1: Cuando John se acercaba al palacio, las puertas se abrieron violentamente y una multitud de personas salió corriendo hacia él. Al frente iba una niña con una falda corta y el cabello suelto y, en la mano, traía dos palos de hockey.

Princesa: ¿Sabes jugar hockey? ¡Nos falta un jugador! ¡Ven!

Narrador 2: Le arrojó un palo de hockey y cuando él se dio cuenta ya iba rumbo a un campo abierto que estaba detrás del palacio. Durante toda una hora escuchó voces que le gritaban en el oído, manos que lo empujaban de un lado a otro, y sintió lodo que lo salpicaba de la cabeza a los pies.

Narrador 1: Finalmente, el juego terminó y la niña le dio un golpe en la espalda.

Princesa: Y tú, ¿quién eres?

John: *(muy débilmente)* Soy el rey de Trabajarundía.

Princesa: ¡De verás! ¿Y a qué viniste?

John: A cortejar a la princesa.

Princesa: ¡No me digas! ¡Bueno, adelante!

John: *(se le queda viendo fijamente)* Pero... tú no serás...

Princesa: Sí, yo soy. ¿Por qué no? ¡Prosigue!

Narrador 2: John hizo un enorme esfuerzo por controlar sus pensamientos y acordarse de su poema perdido.

John: Eres más fuerte que el trueno, eres más tosca que la sal.
Somos como nacemos, así que no está mal.
Mis gustos no son los tuyos, y tampoco son mías tus costumbres.
Vine a pedirte matrimonio, pero espero que me rechaces.

Princesa: ¡Pues mira, nunca te aceptaría!

Narrador 1: Y levantando su palo de hockey por encima de la cabeza se le fue encima.

Narrador 2: John se subió a toda prisa a su caballo y salió a todo galope. El rey finalmente llegó, lodoso, cansado, sin aliento, a su propia puerta.

Ministro 1: ¡Saludos, señor!

Ministro 2: ¿Están de acuerdo usted y la princesa del Este?

John: ¡Absolutamente!

Ministro 3: ¡¿Y cuándo decidirá ella el feliz día?!

John: ¡NUNCA!

Narrador 1:   Y se fue corriendo a su cuarto.

PIÉNSALO

Explica en tus propias palabras qué ha tenido de malo cada princesa.

FÍJATE

Lee y averigua a quién elige el rey John.

John: *(exhausto)* ¡Selina! ¡Ven y arregla mi cama!

Narrador 2:   Selina era muy silenciosa y hábil para eso, así que pronto la cama se veía lista para dormir y descansar. Mientras acomodaba su bata y sus pantuflas, ella le preguntó:

Selina: ¿Qué te pareció la princesa del Este?

John: ¡No me pareció!

Selina: ¿No le serviste para nada, verdad?

John: ¡Se te olvida cuál es tu lugar, Selina!

Selina: Ay, está bien. Entonces, ¿ya está todo bien?

John: *(se voltea a verla)* ¡No! ¡Nada estará bien hasta que ENCUENTRE MI POEMA!

Selina: ¿Tu poema? ¿Te refieres a ese pedazo de poesía? Bueno, y ¿por qué no lo dijiste antes?

Narrador 1:   Y ella se lo sacó del bolsillo.

John: *(exasperado)* ¡Tú lo tuviste todo el tiempo!

Selina: Y, ¿por qué no *habría* de tenerlo? ¡Tú lo tiraste! *(enojándose)* ¡Y bonita forma de tratar tu trabajo! ¡Una persona que no respeta su trabajo no se *merece* uno!

John: *(dando un paso para atrás)* Yo... yo sí lo respeto, Selina. Yo me sentí *muy mal* de arrugarlo y tirarlo. Yo sólo lo hice... porque no te gustó.

Selina: Nunca dije eso.

John: *(con esperanza)* Bueno... ¿te gustó?

Selina: Me pareció bien.

John: *(con alegría)* ¿Eso crees, Selina? ¡Ay Selina, se me olvidó! ¡Léemelo!

Selina: ¡Eso es algo que nunca haré! ¡A lo mejor así en otra ocasión te *acordarás* de lo que escribiste antes de tirarlo!

John: ¡Espera! ¡Sí me acuerdo! ¡Escucha! *(la toma de la mano)*
Eres mejor que la miel, eres más amable que unos palomos.
Eres el tipo de persona a la que todos amamos.
Lo menos que puedo decir es que sin ti no puedo vivir.
Vine a pedirte matrimonio, espero que digas que sí.

Selina: *(se ve incómoda, no dice nada)*

John: *(ansioso)* ¿No era así?

Selina: Más o menos.

John: *(suavemente)* Selina, ¡di que sí!

Selina: Pregúntame en los Bosquesdeloeste.

John: ¡¿Bosquesdeloeste?! Entonces, ¿*tú* si vas a los Bosquesdeloeste?

Selina: ¡Sí, todo el tiempo! En mis días libres.

PIÉNSALO

¿Qué tiene de distinta la proposición del rey John? ¿Por qué?

FÍJATE

¿Qué crees que va a pasar en los Bosquesdeloeste? Sigue leyendo.

Narrador 1: El rey y Selina salieron en dirección a la cerca que separaba Trabajarundía y Bosquesdeloeste. Siguieron los listones de la cerca mientras Selina golpeaba uno tras otro y los contaba en voz baja. Cuando llegaron al listón número setecientos-setentaisiete, Selina deslizó un dedo por un agujero y jaló un seguro. El listón giró hacia atrás como si fuera una puerta angosta y Selina y el rey lograron pasar.

Narrador 2: El rey no podía creer lo que veía. Ahí, igual que antes, estaba una barrera de ramas. Pero las ramas estaban vivas, repletas de pájaros que cantaban.

Narrador 1: Fue fácil caminar entre las flores y las hojas hasta lo que había más allá, debido a que Selina lo traía tomado de la mano. En lugar de un extenso desierto de arena, ante sus ojos se extendía la más verde de las praderas, con arroyos y alegres cascadas y filas de árboles florecidos.

Narrador 2: Todo estaba bañado por una luz radiante, como una mezcla del brillo del sol y de la luna.

John: *(asombrado, mirando todo menos a ella)* ¡Ay Selina! ¿Por qué nuestros padres nos prohibían venir aquí?

Selina: *(con una voz diferente, encantadora)* Porque se les había olvidado, y sólo sabían que en los Bosquesdeloeste había algo peligroso para Trabajarundía.

John: ¿Qué cosa?

Selina: ¡Los sueños!

John: Pero, ¿por qué no vi esto la vez que yo vine?

Selina: Porque no trajiste nada ni a nadie *contigo*.

John: Y esta vez traje mi poema.

Selina: *(suavemente)* Y a mí.

Narrador 1: El rey miró a Selina por primera vez desde que habían entrado a los Bosquesdeloeste, y vio que era la mujer más hermosa del mundo.

John: *(asombrado)* Selina, ¿eres una princesa?

Selina: Lo soy, en los Bosquesdeloeste.

John: *(con decisión)* ¿Dónde está mi poema, Selina?

Narrador 2: Ella se lo entrega, y él lee en voz alta,

John: *(leyendo su poema y escribiendo las últimas palabras)*
Sé que eres más dulce que los pastizales en junio,
y tan brillante como una estrella que observa la luna
Extraño mi pasto, y sueño con mi estrella,
Aunque no tengo ni la menor idea...
de ... quién... sea.
Ay, Selina... ¿te casarías conmigo?

Selina: Sí, en los Bosquesdeloeste.

John: *(jubiloso)* Y *afuera*, ¡también!

Narrador 1: Y tomando su mano, la jaló consigo, a través del seto de pájaros y flores, hasta el otro lado de la cerca.

John: *Ahora*, ¡Selina! ¿Lo harás?

Selina: *(con su voz habitual)* ¿Haré *qué*?

John: ¡CASARTE conmigo, Selina!

Selina: Ay, está bien. *(y entonces le pone su sonrisa de princesa)*

Narrador 2: Y lo hizo.

Narrador 1: Y el día de su boda, el rey mandó quitar para siempre el listón setecientos-setentaisiete de la cerca que separaba a Trabajarundía y los Bosquesdeloeste,

Narrador 2: para que todos los niños

Narrador 1: o los *adultos*

Narrador 2: pudieran cruzar,

Ministros 1, 2 & 3: *(felices)* ¡para siempre!

PIÉNSALO

1. ¿Por qué no le pareció hermoso el Bosquedeloeste al rey la primera vez que estuvo ahí?

2. ¿Crees que Selina sabía desde el principio que el rey le pediría que se casara con él? ¿Por qué?

3. ¿Crees que Selina y John están hechos el uno para el otro? ¿Por qué?

The Stranger

LA DESCONOCIDA
por Sue Baugh

FÍJATE

El narrador quiere ayudar a una desconocida. Lee y averigua qué sucede.

Tarde un sábado por la noche, un joven iba manejando rumbo a su casa por un tramo desierto de la carretera. Podía escuchar la lluvia golpeando contra el techo de su carro. Los faroles delanteros rebanaban la fría neblina que se agarraba de los árboles a ambos lados de la carretera. Los destellos de los relámpagos hacían que las ramas de los árboles parecieran manos fantasmales que querían atrapar el carro. Podía sentir el repetido repiquetear de los truenos. ¡Qué noche para salir! El joven se estremeció y deseó estar a salvo en su casa.

Repentinamente, cuando tomaba una curva, los faroles iluminaron a una joven que estaba parada a un lado del camino. Tenía el cabello y el vestido blanco empapados por la lluvia. Se veía tan sola. Simplemente no podía abandonarla en ese lugar.

El joven frenó y regresó en reversa hasta que vio su rostro a través de la ventana. Se inclinó y abrió la puerta.

—¿Quieres que te lleve a algún lado?

Ella asintió con la cabeza y él le extendió la mano para ayudarla a subir al carro. Se estremeció cuando ella lo tocó. ¡Su mano estaba tan fría!

Ella le sonrió y le dijo: —¿Me podrías llevar a mi casa? Sólo vivo a una milla de distancia.

Ahora que estaba sentada a su lado, él podía ver lo hermosa que era. Tenía el rostro enmarcado por su cabello oscuro y sus ojos daban la impresión de ser inusualmente grandes y tristes.

—Claro —le dijo él—. Te debes estar congelando. Se quitó la chaqueta y se la dio. Ella se la puso en los hombros.

—Yo siempre tengo frío —dijo ella y acercó sus manos a la calefacción.

Él siguió manejando y se volteó a mirarla.

—¿Por qué estabas caminando rumbo a tu casa? —le preguntó—. ¿Te peleaste con tu novio?

Ella no contestó. Por el contrario, miraba por la ventana mientras pasaban frente a una escuela y una pequeña iglesia. Él dio vuelta en la esquina en una calle bordeada por árboles, en la que unos alegres hogares daban la impresión de ser cálidos y seguros en medio de la tormenta.

Ella se enderezó. —Ésa es mi casa, en la esquina, la de dos pisos.

Él detuvo el carro a un lado del sendero que llevaba a la casa. Caminó a la puerta del pasajero y la ayudó a salir. Su mano todavía se sentía como hielo. Luego la acompañó hasta la puerta principal, pensando cómo se sentiría besarla. Se detuvieron frente al porche un minuto. De repente, ella se inclinó ¡y lo besó a él! Antes de que pudiera decir algo, ella entró a la casa y cerró la puerta.

¿Qué detalles de la desconocida te parecen raros? ¿Qué detalle se menciona más de una vez?

FÍJATE

Lee para saber lo que el joven descubre al día siguiente.

Él se quedó mirando mientras ella se alejaba, demasiado asombrado como para moverse. Luego dio media vuelta y caminó lentamente hacia su carro. Y no fue hasta que se sentó frente al volante que se acordó de su chaqueta. Ella todavía la traía puesta.

Volteó hacia la casa, pero estaba oscura y probablemente sus padres estaban dormidos. No quería despertarlos y causarle problemas a ella. Entonces sonrió. La chaqueta era una excusa perfecta para volverla a ver.

A la mañana siguiente fue a su casa y tocó el timbre. Una mujer mayor abrió la puerta. Tenía el mismo cabello oscuro y los mismos ojos tristes que la joven.

—Disculpe, ¿puedo hablar con su hija?

—¿Mi hija? —Los ojos de la mujer se llenaron de lágrimas—. Laura murió en un accidente automovilístico hace justamente un año ayer por la noche. Sucedió como a una milla de distancia.

El joven, atónito, dijo: —Pero... ¡pero anoche yo la traje a su casa! Yo mismo la acompañé a esta puerta. Vi cuando entró a su casa.

La mujer sacudió la cabeza. —No es posible. Ella murió hace un año, joven. Está enterrada en el cementerio de la iglesia que está a la vuelta de la esquina. Vaya usted mismo a ver, está en la tercera fila desde el frente.

El joven caminó hacia la iglesia. Se dio cuenta de que era la misma que habían pasado la noche anterior. El pequeño cementerio estaba tras la iglesia. En la tercera fila encontró lo que buscaba.

Una lápida de mármol blanco tenía inscrito el nombre *Laura*. La fecha de su muerte era exactamente la de un año y un día antes. Luego vio algo que le congeló la sangre. Junto a la lápida estaba su chaqueta, perfectamente doblada, encima del pasto mojado.

PIÉNSALO

1. ¿Qué averigua el joven acerca de la muchacha?

2. ¿Qué detalle al final del cuento es difícil de explicar?

3. ¿Qué claves del cuento hacen sospechar un final sorpresivo?

VÍCTOR

por James Howe

FÍJATE

El narrador está en el hospital. ¿Qué tan enfermo está Cody? Lee y averígualo.

Supongo que creo en los milagros. Antes no creía, pero algo me sucedió. Mira, creí que me iba a morir. No es mi intención sonar muy dramático, pero es la verdad. Todos pensaban lo mismo. Mi mamá no dejaba de llorar y mi papá no dejaba de evitarlo. Eso es algo que no entiendo de los hombres. Quiero decir, yo sólo tenía doce años, así que se puede decir que todavía no era un hombre, y aun así desde mucho antes me habían enseñado que yo no debía llorar. Bueno, mi opinión es ésta: Si supieras que tu hijo se iba a morir, sería estúpido *no* llorar. ¿No crees?

De cualquier forma, yo no le podía decir a mi papá "anda viejo, deja salir el llanto", porque yo no podía hablar. Todos los demás podían. Mis parientes llegaban, me tomaban la mano y decían cosas como: "Te ves bien, Cody". Luego se volteaban hacia mi mamá o mi papá, al que le tocara estar ahí, y —no se te olvide, con mi mano entre las suyas— decían sus voces secas y agrietadas como las calles de una vieja ciudad: "No soporto verlo así, acostado. Me rompe el corazón". Entonces dejaban mi mano sobre la cama, suavemente, como un durazno al que no quisieran maltratar; y se acercaban a mi caja de Kleenex y se limpiaban las narices, se apuraban a despedirse y pronto ya estaban fuera. Muy pronto me quedaba solo con mi mamá o mi papá, y el sonido del suero goteando, y la TV encendida al otro lado del pasillo. Pronto, el cuarto empezaba a oscurecerse y mi mamá o mi papá se inclinaban a darme un beso en la mejilla y decían: "Que sueñes con los angelitos, Cody". Así terminaba un día más.

Al principio cuando estaba en el hospital todos traían flores o revistas o cajas de chocolates. Pero, dado que no había manera de que yo disfrutara todo eso y mi mamá se la pasaba diciéndoles que estaba engordando debido a los chocolates que se comía, mis visitas empezaron a llegar sin nada más que sus tristes caras. Y pasó más tiempo del que nadie hubiera pensado; daba la impresión de que iba a seguir viviendo, aunque yo realmente no lo llamaría así, y todos se acordaron que tenían sus propias vidas que vivir.

PIÉNSALO

¿Qué detalles te indican lo enfermo que está Cody?

FÍJATE

¿En qué piensa Cody mientras está en cama?

Las cosas empezaron a ponerse muy solitarias. Todavía venían algunos de mis amigos. Max. Siempre podía contar con que pasara por lo menos un par de veces a la semana. Y, por supuesto, estaban mi mamá y mi papá. Ahí estaban, uno u otro, o los dos, todos los días. Pero había largos períodos en los que sólo estábamos el techo y yo. Y esto es importante, aunque sé que va a parecer raro: llegué a pensar que el techo era un lugar. Ya sabes, un lugar real al que puedes ir. Por lo menos, en tu imaginación. Estaba formado por mosaicos acústicos; ya sabes cuáles, esos cuadrados con pequeños agujeros y líneas cerradas y dentadas. Bueno, si no tuvieras nada que hacer todo el día, te sorprendería todo lo que se puede ver en esos pequeños agujeros y líneas cerradas y dentadas. Ríos y lagos. Colinas y valles. Carreteras. Caminos. Después de un rato, empecé a dividir el techo (o por lo menos la parte que podía ver; no podía mover la cabeza a menos que alguien lo hiciera por mí) en pueblos y ciudades. Lo llamé la Tierra de Arriba.

No pasó mucho tiempo antes de que yo mismo empezara a contarme cuentos acerca de las personas que vivían en la Tierra de Arriba. Lo curioso es que nunca les puse nombres. No sé por qué. Siempre me ha gustado escribir cuentos y una de mis partes favoritas es inventar los nombres de los personajes. Pero por alguna razón visualizaba hasta los lunares de estas personas, pero nunca supe qué nombre ponerles.

Había una persona que vivía en la Tierra de Arriba sobre la cual te tengo que contar. Era viejo. Era muy fuerte; no fuerte como un levantador de pesas, pero fuerte sólido, como un roble. Y fuerte en su corazón y en su mente. Era la persona que todos respetaban, al que iban a buscar cuando necesitaban ayuda. Nunca hablaba hasta después de meditarlo un rato y, luego, sabía exactamente qué decir. Su rostro era amable, pero estaba repleto de agujeros y líneas cerradas y dentadas como el techo. A veces, al final del día, antes de que las enfermeras llegaran a prender las luces indirectas y la iluminación se torna pálida y soñolienta, podía distinguir su rostro en el tercer mosaico hacia abajo, dos a la izquierda. Decidí que ahí era donde vivía. En el tercer mosaico hacia abajo, dos a la izquierda.

Nadie sabía de la Tierra de Arriba, sólo yo, por supuesto. Nadie sabía que hasta cuando estaba solo tenía compañía. Supongo que todos pensaban que yo era un caso penoso. Y ahora que lo pienso, creo que sí lo era.

PIÉNSALO
¿Qué es la Tierra de Arriba? ¿Por qué crees que Cody inventó este lugar?

FÍJATE
Cody tiene una nueva visita: Víctor. Averigua cómo lo ayuda Víctor.

Entonces, una noche, después de que mis padres se despidieron con un beso y me desearon felices sueños, después de que sus pasos se habían alejado de mí y escuchaba el *ting* del elevador que indicaba que iban de regreso a lo que quedaba del resto de sus vidas, justo cuando empezaba a quedarme dormido, escuché una voz que decía: "¿Ya no recibes muchas visitas, verdad?".

Era la voz de un hombre, suave y profunda como un bosque, igual de misteriosa también, porque no podía verlo. Estaba en algún lugar a mi derecha. Escuché el sonido de una silla que era arrastrada por el suelo. Supuse que se iba a sentar.

"Me llamo Víctor", me dijo. "Espero que no te moleste un poco de compañía."

Él no tenía forma de saber si me molestaba o no. Probablemente si hubiera podido hablar le hubiera dicho que quería estar solo. Pero la verdad es que me daba gusto que estuviera ahí.

No sé por qué Víctor empezó a visitarme. Nunca me permitió ver su rostro, y a veces ni siquiera hablaba. Pero la sola certeza de que estaba ahí sentado me hacía sentir bien, y cuando hablaba, sus palabras eran como un baño caliente para mí. Parece como si estuviera loco. Pero si lo piensas un instante, entenderás lo que quiero decir. Mi vida era un enorme dolor y el sonido de la voz de Víctor era la única cosa que hacía que mi dolor desapareciera.

¿Cuál es una manera en la que Víctor ayuda a Cody?

Víctor también ayuda a Cody de otra manera. ¿Qué hace Víctor?

Y no era sólo el sonido, eran las cosas que me contaba. Todas acerca de mí. Bueno, no de mí realmente. Eran cuentos inventados acerca de alguien que se llamaba Cody. En algunos de los cuentos, Cody tenía trece años, que era la edad que iba a cumplir en unos meses si lograba vivir hasta entonces; y hacía cosas como explorar cuevas, o montar sobre las olas en su tabla de surf, o fabricaba su propia cámara.

En otros cuentos, Cody era todavía más grande. Me contó de la ocasión en la que Cody aprendió a manejar, y también cuando anotó varios puntos para su equipo de básquetbol de la universidad, y la primera vez que se enamoró. No sé si él lo pudo ver en mi rostro, pero lo último hizo que me ruborizara por dentro.

Víctor me contó cuentos de Cody y de sus hijos, y hasta de sus nietos. Era raro. Cuando Víctor no estaba, me costaba trabajo creer que llegaría a mi cumpleaños número trece, pero cuando lo oía hablar, honestamente me veía como un hombre de ochenta años.

Mi cuento favorito era el de una vez que Cody fue a escalar montañas. Eso es algo que yo siempre he querido hacer. Víctor se habrá tardado dos horas en contarme ese cuento. Lo hacía parecer tan real que hasta sentía la cuerda que me quemaba la palma de las manos y me mareaba con tan sólo imaginar el escarpado de la roca sobre mi cabeza. Cuando Cody llegó a la cima, sentí cómo el corazón me latía dentro del pecho como si quisiera reventar.

Por lo general, Víctor no decía nada después de que acababa de contar un cuento, pero esa ocasión sí lo hizo. "Algún día vas a escalar una montaña", me dijo, "y te sorprenderás de que va a ser más fácil que la montaña que ahora estás escalando".

Entonces, yo no sabía qué quería decir. No fue hasta después de mi cumpleaños número trece que todo esto tuvo sentido.

¿Cómo le proporciona Víctor esperanza a Cody?

Lee y averigua acerca del misterioso regalo de cumpleaños de Cody.

Recibí muchos regalos el día de mi cumpleaños. Max se quedó hasta tarde y los abrió todos mientras mi mamá anotaba de quién era cada uno. Max repetía cosas como: "Hey, gran cinta", o "A Cody de veras le gustará esta camisa". Y mi mamá hacía un comentario acerca de lo amable que había sido ésta o aquella persona al acordarse de mí. Mi papá no dijo una sola palabra hasta que acabamos, y entonces dijo lo que yo había estado pensando todo el tiempo. "¿Cómo diablos creen las personas que Cody va a usar todo esto?" Y entonces escuché que alguien lloriqueaba, y escuché cómo cambió el tono de voz de mi papá que decía: "Lo siento, Max. Las personas tienen buenas intenciones, pero es de locos regalarle todo esto. ¿Por qué no te lo llevas a tu casa?" Y fue justo en ese momento que Max ya no aguantó más y mi mamá tampoco, y se desahogaron con una buena llorada. Pero no mi papá. Lo que más fuerte escuchaba era su silencio.

Después de un rato el cuarto se tranquilizó y escuché a mi mamá que decía—: ¿Y de dónde salió eso? Yo no vi que alguien lo trajera. ¿Y tú, Brad? —Y mi papá contestó—: Por lo menos es grande. Y bellamente envuelto. —Agregó mi mamá—: Alguien debió haberlo traído antes de que llegáramos. Pero, no pesa nada.

—¿No tiene una tarjeta? —preguntó Max.

Hubo un minuto de silencio. Supongo que mi mamá la estaba buscando. —No —dijo. Pero yo sabía de quién era.

Entonces escuché el ruido del papel mientras lo arrugaban y arrancaban, y de repente el aire dentro del cuarto cambió. Ya sabes, como cuando la estás pasando bien con un grupo de amigos y todo mundo se está riendo; y de repente alguien dice algo mezquino y estúpido y todos dejan de hablar, y puedes sentir que el aire cambia. *Realmente* sentirlo. Eso es lo que yo sentí, pero no sabía por qué.

Hasta que mi papá dijo: —De todas las cosas crueles...

—Seguramente es un error —dijo mi mamá.

Mi papá dijo: —La caja está vacía, Joan. Esto no es un error. Es una broma o a lo mejor alguien está tratando de hacer una afirmación.

—¿Una afirmación? —preguntó mi mamá—. No entiendo.

—¿Quién sabe? —La voz de mi papá subía de tono. Sube cuando se empieza a enojar, como el mercurio en un termómetro que se empieza a calentar y no sabes si va a explotar—. Vida vacía. Ninguna razón para vivir. ¿Quién sabe?

—Bueno, entonces, sólo preguntaremos en la recepción si alguna de las enfermeras vio a alguien que trajera esto y si no... —La voz de mi mamá se diluyó, igual que muchas otras veces en los últimos meses.

—Yo digo que la tiremos a la basura —dijo mi papá bruscamente.

—¿No podemos dejarlo todo en el armario nada más por la noche de hoy? —Preguntó Max—. A lo mejor hay una razón.

—Bueno, está bien. —La voz de mi padre sonaba fuerte, pero tan vacía en su interior como el misterioso regalo de cumpleaños.

¿Por qué hizo Víctor algo así?

PIÉNSALO

¿Cómo reacciona la familia de Cody y Max ante la caja vacía? ¿Por qué?

FÍJATE

Lee y averigua por qué Víctor le regaló la caja a Cody.

Eso fue lo que me pregunté durante toda la noche. Cuando llegó y se sentó a mi lado, no dijo una sola palabra al respecto. No dijo nada al estilo de: "Espero que te haya gustado mi regalo". Pero claro, si me había querido regalar una caja vacía, ¿qué *podía* decir? "¿Espero que te haya gustado esa enorme nada que te regalé para el día de tu cumpleaños?"

No recuerdo nada de lo que dijo esa noche. Estoy casi seguro de que me contó un cuento de Cody, pero, ¿no había manera de concentrarse? En lo único que podía pensar era en la caja vacía. Y entre más lo pensaba, más me enojaba. Mi papá tenía razón, fue cruel. El problema era que no podía imaginarme que Víctor fuera cruel. Tendría una buena razón.

Su voz siguió y siguió, pero no me tranquilizó como lo hacía siempre. Por el contrario, me daban ganas de gritar y decirle que se callara o decirle: "¡Deja de hablar de cosas que no tienen importancia!".

Finalmente terminó de hablar. Y entonces, en una voz tan suave que pensé que estaba soñando, dijo: "Feliz cumpleaños, Cody".

Es difícil contar lo que sucedió después. Tendrías que haber estado dentro de mi vida en ese momento —mi vida del Víctor sin rostro y sus visitas nocturnas, y un techo lleno de compañeros sin rostro, y un armario lleno de inútiles regalos de cumpleaños, y una caja vacía— para comprender cómo se sintió que yo me levantara, y usar cada músculo para trepar y salir de la oscuridad en la que había estado viviendo, hacia la Tierra de Arriba, hasta la cima de la montaña, hasta Víctor.

Por supuesto, no me estaba moviendo, o por lo menos nadie del exterior lo podía notar. Pero en mi interior, bueno, en mi interior todo estaba en movimiento, todo estaba funcionando para que unas breves palabras salieran de mi boca.

"¿Por qué?"

Pasó mucho tiempo antes de que Víctor susurrara: "Que bien, chico".

Y me obligué a pronunciar las palabras una vez más: "¿Por qué?".

Sentí su mano sobre la mía, por la primera y lo que resultó ser, la última vez. Bueno, como yo lo entiendo dijo vas a necesitar una caja para llevarte tus cosas a tu casa.

No recuerdo qué pasó después. Caí exhausto en un profundo sueño. Soñé con la Tierra de Arriba. Todos estaban empacando como si se fueran a algún lado, pero cuando preguntaba dónde, nadie me contestaba. Sólo repetían: "Es hora de mudarse". Sólo el anciano se iba a quedar, y él no hablaba para nada. Intenté hacer que me dijera algo, pero no fue posible. Justo antes de que me despertara, miré su amable y arrugado rostro y le dije: "Adiós Víctor".

PIÉNSALO

¿Por qué Víctor le regaló a Cody una caja vacía?

FÍJATE

Lee y averigua lo que ocurre al día siguiente.

Al día siguiente, por la tarde, llegaron mis papás. Casi no hablaban. Cuando lo hicieron, sus voces eran como hojas otoñales, secas, polvorientas y viejas. Más tarde apareció Max.

—Por favor —escuché que le decía mi papá—, llévate todas estas cosas, Max. A Cody le hubiera gustado que tú las tuvieras.

—¿Y qué hacemos con la caja? —preguntó Max.

—Oh, eso. La tiraremos a la basura.

Y fue en ese instante cuando sentí la misma sensación. Empecé a escalar, jalándome hacia arriba. Fue un poco más fácil esta vez, subiendo y alcanzando a decir una sola palabra: "No".

Escuché que mi mamá se quedaba sin aliento y a Max que gritó: "¡Cody!". Todos se acercaron corriendo. Vi sus rostros. Las lágrimas de mi padre cayeron encima de mí, lluvia que me traía nuevamente a la vida.

Nunca supe con toda certeza quién era Víctor. Las enfermeras dijeron que había un anciano que caminaba por los pasillos en las noches. Pero su nombre no era Víctor. Y murió un par de días después de mi cumpleaños número trece. Quien sea que haya sido Víctor, hacía milagros. Y era obvio que sabía mucho acerca de mí. Sabía que yo exploraría cuevas y escalaría montañas. Sabía que iba a crecer hasta ser un anciano. Sabía que lo que más necesitaba el día de mi cumpleaños número trece era una caja vacía para llenarla.

PIÉNSALO

1. ¿Qué sucedió después de la última visita de Víctor?

2. ¿Qué "milagro" hizo Víctor? ¿Cómo lo hizo?

3. ¿Quién dio a Cody por perdido? ¿Quién no?

4. ¿Crees que Víctor era una persona real? Busca evidencia que apoye tu opinión.

LA JAULA
por Martin Raim

FÍJATE
Lee para saber de qué se trata un peculiar experimento en el que un hombre participa.

No había salida.

Gruesos bloques de cemento conformaban las paredes de esta celda. La gigantesca puerta era de acero. El piso y el techo eran de concreto y no había ventanas. La única luz provenía de un foco cubierto con un escudo de metal.

No había manera de salir, o así le parecía a él.

Se había ofrecido de voluntario para un experimento científico en el que lo habían encerrado en una celda para probar el ingenio de la mente humana. La celda estaba vacía y no le permitieron llevar nada. Pero le habían dicho que había *una* forma de escapar de la celda y tenía tres horas para descubrirla.

PIÉNSALO
¿Qué oración indica el propósito del experimento? ¿Qué es lo que el hombre tiene que hacer?

FÍJATE
Lee y averigua qué hace el hombre para escapar de la celda.

Empezó por la puerta. Ahí estaba, frente a él, gigante y gris. Las tres enormes bisagras de la puerta estaban remachadas en la pared y no se podían quitar. La puerta en sí daba la impresión de ser demasiado grande para una celda tan pequeña y, por un minuto, se preguntó si no habría sido al revés y primero estuvo la puerta y luego construyeron la celda.

Finalmente se alejó de la puerta y miró a su alrededor. Intentó empujar los bloques de cemento para ver si alguno estaba suelto. Buscó alguna salida de ventilación en el suelo. Entonces, volteó al techo. ¡El escudo! ¡El escudo que rodeaba al foco! Su mente se aceleró. Podía usar el escudo de metal como una herramienta: ¡justo la herramienta que necesitaba! ¡Había encontrado la manera de escapar!

Se paró debajo del escudo y lo estudió con cuidado. Decidió que un fuerte jalón bastaría para quitarlo. Alzó el brazo, lo agarró y jaló. Pero el escudo permaneció adherido al techo. Nuevamente agarró el escudo, retorciéndolo al mismo tiempo que jalaba. Sintió cuando se soltó y él cayó al suelo con el tesoro entre sus manos.

El escudo tenía forma de cono y tres largos picos de metal que lo tenían adherido al techo. Estos picos eran filosos. Pero no lo suficientemente resistentes como para cortar acero, concreto o cemento.

Sintió que la desesperación lo envolvía. No se le ocurrió cómo le podía servir el escudo de herramienta. El escudo no era lo que tenía que quitar.

Entonces se le ocurrió una brillante idea. Cierto, los picos de metal del escudo no podían cortar la puerta de acero, o el suelo de concreto, o los bloques de cemento de las paredes. Pero los picos podrían ser lo suficientemente fuertes como para rascar la argamasa que mantenía a los bloques en su lugar. Jaló uno de los picos y raspó con fuerza la argamasa. La argamasa se desmoronó como polvo. ¡Su idea funcionaba! Si quitaba suficiente argamasa, podría liberar un par de bloques de cemento, empujarlos ¡y escapar!

Eligió dos bloques que estaban cerca de la puerta y se puso a trabajar. El pico se hundía en la argamasa y la arrojaba al aire en un continuo arroyo. El pico era lo que necesitaba. Ahora estaba seguro de que podría escapar. Pero torció una mano con descuido y el diente de metal se rompió en dos pedazos inservibles.

PIÉNSALO

¿Qué tan bueno es el plan del hombre para escapar? Explica tu respuesta.

FÍJATE

¿Qué sucederá después? Lee y fíjate cómo cambia la actitud del hombre conforme intenta corregir sus errores.

Al principio una ola de coraje lo aturdió. Luego se acordó que el escudo tenía dos picos más. Jaló otro pico y nuevamente se puso a trabajar. Decidió que debía tener más cuidado, no podía equivocarse. Aún le quedaba tiempo suficiente.

En poco tiempo había quitado cuatro pulgadas de argamasa. Pero las puntas dentadas de la orilla de los bloques de cemento le habían arrancado la piel de los nudillos. Sus manos sangraban por una docena de cortaduras ardientes. Le dolían la espalda y los hombros de la tensión de trabajar en una misma posición. El polvo de la argamasa se le metía en los ojos y le bajaba por la garganta. El trabajo se hizo eterno, más lento y más lento.

De repente, el segundo pico se rompió.

Por un instante se regocijó ante la oportunidad de dejar de trabajar. Pero la idea de fracasar lo hizo ponerse en acción nuevamente. Jaló el tercer y último pico, y se puso otra vez a trabajar. Era un hombre al que no le gustaba perder; tenía que ganar.

El trabajo se hizo más pesado. Se volvió insensible al dolor en las manos, al dolor de la espalda. Sus dedos se movían ciegamente y su enfrentamiento con la argamasa era cada vez más y más débil.

Finalmente logró traspasar. Había excavado suficiente argamasa como para distinguir una luz entre los bloques de cemento.

Con un arranque de energía siguió excavando el resto de la argamasa. Por supuesto que había una forma de salir. Él la había encontrado, ¿no? Había demostrado que una mente ingeniosa podía resolver cualquier problema. Así es como lo había logrado: con su propio ingenio.

PIÉNSALO

¿Cuál era la reacción del hombre cada vez que se rompía un pico? ¿Por qué cree el hombre que aún puede ganar?

FÍJATE

Lee y averigua si logra salir a tiempo.

En ese preciso instante sintió que el tercer pico se le rompía en la mano.

Se quedó mirando fijamente los pedazos inservibles. Entonces, en un ataque de ira golpeó la pared con el puño.

Sintió que a sus espaldas, la puerta de la celda se abría lentamente.

El tiempo se le había acabado. Su participación en el experimento había terminado.

Tenía prohibido hablar del experimento o de su plan de escape. Sin embargo, estaba convencido de que se hubiera escapado. Que casi lo había logrado.

En realidad, no había estado ni siquiera cerca.

El escudo se había colocado alrededor del foco sólo para sombrear la luz. Los picos de metal no estaban destinados a ser utilizados como herramienta.

El hombre había sido ingenioso, pero había permitido que su ingenio lo desviara. Si no hubiera tenido tanta prisa por usar el escudo como herramienta, si no hubiera gastado todo su tiempo en picar la argamasa, y si no hubiera dejado de estudiar la celda, hubiera encontrado la manera adecuada de salir. Habría descubierto que podría haber dejado la celda tan fácilmente como entró.

La enorme puerta nunca estuvo cerrada.

PIÉNSALO

1. ¿Qué tan cerca estuvo el hombre de escapar a tiempo? Encuentra los detalles que muestran esto.

2. Sobre la base del experimento, ¿qué tan ingenioso crees que era el hombre? Sustenta tu respuesta con evidencia.

3. ¿Por qué crees que el hombre nunca trató de abrir la puerta? ¿Qué es lo que el autor quiere decir de cómo piensan las personas?

EL ROMPECABEZAS
por J. B. Stamper

FÍJATE
Lee y averigua lo que Lisa encuentra en una tienda de antigüedades.

Estaba encima del estante más alto de un viejo librero, cubierto de polvo y casi imposible de encontrar. Lisa decidió que tenía que averiguar qué era. De todas las cosas que había en la tienda de antigüedades, eso era lo que más le había llamado la atención. Durante horas había visto libros, grabados, y tarjetas postales viejas. Nada le había despertado la curiosidad. Y ahora esa vieja caja, en lo alto y fuera de su alcance, la intrigó.

Volteó en busca del anciano que estaba encargado de la tienda. Pero había salido al cuarto trasero. Notó que había una escalera de tijera al otro lado del cuarto y la acercó al librero. Mientras subía hasta el último escalón, los desiguales tablones del suelo temblaban.

Lisa deslizó la mano por la superficie del estante superior tratando de encontrar la caja. El polvo encima de la tabla era grueso y arenoso. Entonces, la tocó. Era de cartón. El cartón estaba frío y suave debido al tiempo que había permanecido en la humedad del cuarto. Lentamente levantó la caja tratando de mantener el equilibrio sobre la escalera.

Cuando la caja estuvo al nivel de sus ojos, pudo leer las palabras:

500 PIEZAS

Colocó la caja encima de la escalera y bajó unos cuantos escalones. Entonces sopló en la tapa para quitarle el polvo que tenía acumulado. Percibió a su alrededor un olor a humedad, a muerte. Pero ahora podía distinguir más palabras en la tapa:

EL ROMPECABEZAS MÁS EXTRAÑO DEL MUNDO

Debajo había otras palabras, pero habían sido tachadas. El enorme retrato de la tapa había sido maltratado de una forma curiosa. Lisa podía distinguir zonas de luz y oscuridad. Parecía como si la escena fuera dentro de un cuarto. Pero la mayoría de la pintura había sido raspada con un instrumento filoso.

PIÉNSALO
¿Qué detalles te indican que el rompecabezas es extraño o raro?

FÍJATE
Lee para saber lo que Lisa descubre de las piezas del rompecabezas.

La misteriosa naturaleza del rompecabezas lo hizo aun más atractivo. Lisa decidió que lo iba a comprar. La tapa estaba bien sujetada; eso probablemente significaba que debían estar todas las piezas. Mientras descendía con cuidado de la escalera, con la caja entre sus dos manos, Lisa sonrió. Era un buen hallazgo, exactamente el tipo de cosa que siempre había querido descubrir mientras escudriñaba en las tiendas de segunda mano.

El señor Tuborg, el dueño de la tienda, salió del cuarto trasero en el momento en que ella se dirigía a la caja. Miró la caja con curiosidad cuando Lisa la colocó encima del mostrador.

—¿Y dónde encontraste eso? —le preguntó.

Lisa señaló hacia donde había puesto la escalera. —Estaba arriba del librero. Casi no se podía ver desde el piso.

—Bueno, yo nunca lo había visto, tenlo por seguro —dijo el señor Tuborg—. No me imagino cómo es que lo encontraste.

Lisa estaba aun más satisfecha con su hallazgo. Tuvo la impresión de que el rompecabezas había estado escondido ahí, esperando que ella lo descubriera. Le pagó al señor Tuborg los veinticinco centavos que le cobró por el rompecabezas y luego lo envolvió cuidadosamente con los periódicos que le había dado para que se lo pudiera llevar a casa.

Era una tarde de sábado. Lisa vivía sola en un pequeño cuarto de una casa de departamentos. No tenía nada planeado para el sábado por la noche. Así que decidió dedicar la tarde a armar el rompecabezas. Fue a un *delicatessen* y compró carne, pan y queso para preparar unos sándwiches. Comería mientras armaba el rompecabezas.

Tan pronto como subió las escaleras que la llevaban a su cuarto y guardó los comestibles, Lisa limpió la mesa grande del centro del cuarto. Colocó la caja encima.

EL ROMPECABEZAS MÁS EXTRAÑO DEL MUNDO

Lisa leyó nuevamente esas palabras. Se preguntó qué querrían decir. ¿Qué tan extraño podía ser un rompecabezas?

La cinta que mantenía pegada la tapa era resistente. Lisa buscó un cuchillo de cocina para cortarla. Cuando levantó la tapa, salió del interior un olor a humedad. Pero todas las piezas del rompecabezas se veían en buen estado. Lisa levantó una. Estaba un poco descolorida, pero la imagen era clara. Podía distinguir la forma de un dedo en la pieza. Parecía un dedo de mujer.

Lisa se sentó y empezó a acomodar las piezas, boca arriba, encima de la gran mesa. Conforme las sacaba de la caja, separaba las piezas que tenían un lado plano de las piezas del interior. De vez en cuando reconocía algo en una de las piezas. Vio cabello rubio, una ventana, un pequeño jarrón. Había mucha textura de madera en muchas de las piezas, además de algo que parecía papel tapiz. Lisa se dio cuenta de que el papel tapiz del rompecabezas se parecía mucho al papel tapiz de su propio cuarto. Se preguntó si su papel era tan viejo como el del rompecabezas. Sería una increíble coincidencia, pero podría tratarse del mismo.

PIÉNSALO
¿Qué detalles extraños nota Lisa en el rompecabezas?

FÍJATE
Averigua qué otra cosa muestra el "rompecabezas más extraño".

Cuando Lisa terminó de sacar todas las piezas ya eran las 6:30. Se levantó y se preparó un sándwich. Ya le empezaba a doler la espalda por estar inclinada sobre la mesa. Pero no podía alejarse del rompecabezas. Regresó a la mesa y puso el sándwich a un lado. Siempre ocurría lo mismo cuando armaba rompecabezas. Una vez que empezaba, no podía parar hasta que terminaba de acomodarlo todo.

Empezó a acomodar las piezas de la orilla de acuerdo a su color. Había piezas de un color café oscuro, blancuzcas, del color del tapiz, y unas piezas que parecían de vidrio una ventana quizá. Mientras Lisa se comía lentamente el sándwich, armó todo el marco. Cuando terminó se dio cuenta de que había tenido razón acerca de la escena del cuadro, la primera vez que vio el rompecabezas. Se trataba de un cuarto. Un lado del marco era papel tapiz. Lisa decidió armar esa parte primero. Tenía curiosidad acerca del parecido con su propio papel tapiz.

Juntó todas las piezas que contenían el diseño floreado de azul y lila. Conforme armaba las piezas, se hizo evidente que el papel tapiz del rompecabezas era idéntico al de su cuarto. Lisa volteó a mirar para comparar el rompecabezas con la pared. Correspondían exactamente.

PIÉNSALO
¿Qué le sorprende a Lisa del rompecabezas?

FÍJATE
¿Por qué comienza Lisa a sentirse inquieta?

Para entonces ya eran las 8:30. Lisa se recostó en la silla. Tenía la espalda tiesa. Miró hacia la ventana. Afuera, la noche estaba oscura. Lisa se levantó y caminó hacia la ventana. De repente se inquietó, sola en su departamento. Tapó la ventana con la cortina blanca.

Dio una vuelta por el cuarto, tratando de pensar en otra cosa que pudiera hacer en lugar de terminar el rompecabezas. Pero nada más le interesaba. Regresó y se sentó frente a la mesa.

Luego, empezó a armar la esquina inferior derecha. Había un tapete y una silla. Esta parte del rompecabezas estaba muy oscura. Lisa, ansiosa, se percató de que la silla tenía la misma forma que la que se encontraba en un rincón de su cuarto. Pero los colores no eran exactamente iguales. Su silla era rojo castaño. La del rompecabezas estaba en la penumbra y parecía casi negra.

Lisa siguió armando del marco hacia el centro. Había más papel tapiz que colocar encima. El lado de la mano izquierda resultó ser una ventana. A través de ella una media luna colgaba en el cielo oscuro. Pero fue la parte inferior del rompecabezas la que empezó a molestar a Lisa. Conforme las piezas ocupaban su lugar, vio un par de piernas, cruzadas por debajo de la mesa. Eran las piernas de una joven mujer. Lisa estiró la mano y recorrió una de sus piernas. De repente, sintió como si algo le subiera por ella, pero debió de haber sido su imaginación.

Se quedó mirando fijamente el rompecabezas. Ya casi había armado tres cuartas partes. Sólo faltaba el centro. Lisa echó un vistazo a la tapa de la caja del rompecabezas:

EL ROMPECABEZAS MÁS EXTRAÑO...

Se estremeció.

Lisa se recostó nuevamente en la silla. Tenía los músculos del cuello tensos y rígidos. Pensó en dejar el rompecabezas. Ahora la estaba asustando.

Se levantó y se estiró. Luego se volteó a ver el rompecabezas que estaba sobre la mesa. Desde ese ángulo se veía diferente. Lisa se impresionó con lo que vio. Le comenzó a temblar el cuerpo.

Era inconfundible: el retrato del rompecabezas era el de su propio cuarto. La ventana estaba colocada adecuadamente en relación a la mesa. El librero estaba colocado en el lugar exacto recostado contra la pared. Hasta las patas talladas de la mesa eran las mismas...

Lisa alzó la mano para desbaratar las piezas armadas. No quería terminar el rompecabezas más extraño del mundo; no quería averiguar cómo sería el espacio vacío en el centro del rompecabezas una vez armado.

Pero entonces bajó una mano. A lo mejor era peor no saberlo. A lo mejor era peor quedarse sentada con la duda.

Lisa se dejó caer en la silla frente a la mesa. Luchó contra el miedo que le subía por los adoloridos músculos de la espalda. Deliberadamente, pieza por pieza, empezó a rellenar el espacio vacío del centro. Armó la imagen de una mesa, sobre la que descansaba un rompecabezas. El rompecabezas dentro del rompecabezas ya estaba terminado. Pero Lisa no podía distinguir de qué se trataba. Armó la joven que estaba sentada frente a la mesa; una joven que era ella misma. Mientras rellenaba la imagen, se le inundó el cuerpo de horror y temor. Todo estaba ahí, en la imagen... el jarrón con neguillas, su suéter rojo, los ojos desorbitados de temor en su propio rostro.

El rompecabezas estaba frente a ella, terminado excepto por dos piezas adyacentes. Eran piezas oscuras, piezas que no había podido colocar en la zona de la ventana. Lisa se volteó a mirar detrás de ella. La ventana estaba tapada con la cortina. Con alivio, se dio cuenta de que la imagen del rompecabezas no era exactamente como la de su cuarto. Detrás de la ventana se podía ver la oscuridad de la noche y la luna que brillaba en el cielo.

Con manos temblorosas, Lisa se estiró para agarrar la penúltima pieza. La dejó caer en uno de los espacios vacíos. Parecía la mitad de un rostro, pero no era un rostro humano. Se inclinó por la última pieza. La apretó contra el pequeño hueco que quedaba en la imagen.

La cara estaba completa: la cara en la ventana. Era la cosa más horrible que jamás había visto o soñado. Lisa volteó a ver el retrato de sí misma en el rompecabezas y luego volteó a ver la cara.

Entonces rápidamente dio la vuelta. La cortina ya no tapaba la ventana. A través de la ventana se veía la noche, oscura. Una media luna colgaba del cielo.

Lisa gritó... la cara... también estaba ahí.

1. ¿Qué muestra el rompecabezas terminado?

2. ¿Por qué grita Lisa al final?

3. ¿Qué extraño poder parece que posee el rompecabezas?

RICHARD WRIGHT Y LA TARJETA DE BIBLIOTECA
por William Miller

FÍJATE

Lee y averigua qué es lo que Richard Wright siente acerca de las palabras.

Richard amaba el sonido de las palabras. Le encantaban los cuentos que su madre contaba acerca de la granja en la que se había criado.

"Había un sauce al lado de una curva del río", le explicaba. "Allí soñé todos mis sueños de niña."

A Richard le encantaba escuchar a su abuelo cuando hablaba de la guerra, cómo se escapó de su patrón y peleó con el ejército rebelde.

"Yo sólo era un niño", decía su abuelo con orgullo, "pero peleaba igual que cualquier hombre. Peleé bajo la lluvia y en el lodo. Portaba la bandera a la cabeza de la tropa".

Richard deseaba leer cuentos por sí solo, pero su familia era muy pobre. Se mudaban con frecuencia, buscando trabajo en diferentes pueblos y ciudades. Su padre hacía la limpieza en edificios de oficinas; su madre cocinaba en las cocinas de los blancos ricos.

Richard tenía muy poca posibilidad de ir a la escuela. Cuando podía, su madre le enseñaba leyendo las tiras cómicas de los periódicos, pronunciando cada palabra con cuidado.

Cuando Richard finalmente aprendió a leer, no podía comprar o pedir prestados los libros que tanto deseaba. Los libros eran caros; no podía entrar a la biblioteca porque era negro.

Así que Richard leía todo lo que encontraba: periódicos viejos, libros sin tapas sacados de los botes de basura...

PIÉNSALO

¿Qué tan importantes son los libros para Richard? ¿Qué detalles te indican que le gusta leer?

FÍJATE

Lee acerca de la nueva vida de Richard en Memphis. ¿A qué problemas se sigue enfrentado?

Cuando Richard cumplió los diecisiete años, tomó un autobús rumbo a Memphis. Esperaba encontrar trabajo y ganar suficiente dinero como para mudarse a Chicago en donde podía iniciar una nueva vida en el Norte.

Richard caminó las ardientes calles en busca de un trabajo que fuera su boleto a la libertad. Se encontró a muchos jóvenes, igual que él, que buscaban exactamente el mismo trabajo, la misma escapatoria.

Finalmente consiguió un trabajo en el consultorio de un optometrista. Pulía los lentes, barría los pisos y hacía mandados para el hombre blanco.

Mientras mantuviera la cabeza agachada y empezara cada oración con "señor", Richard estaba seguro.

Por las noches, Richard regresaba a una casa de huéspedes en donde había rentado un cuarto. Para ahorrar dinero, comía frijoles en lata, calentados con agua de la llave.

Cuando Richard escuchaba el ruido de la calle bajo su ventana, sentía ese conocido apetito por las palabras. En la biblioteca pública había miles de libros, pero sólo los blancos podían tener una tarjeta y pedirlos prestados.

Pero a Richard se le ocurrió una idea. En su trabajo buscó por toda la oficina, tratando de encontrar a un hombre que pudiera comprender su apetito por las palabras.

Pero en su mayoría, eran como todos los blancos que había conocido. Nunca podrían entender que un niño negro quisiera una tarjeta de biblioteca, un niño negro que quería leer libros que ni ellos leían.

PIÉNSALO

Richard quiere una tarjeta de la biblioteca. ¿Cómo crees que puede solucionar su problema? ¿Qué detalles te permiten pensar esto?

FÍJATE

Lee y averigua cómo resuelve su problema.

Sólo había un hombre que parecía diferente a los demás. Jim Falk era solitario y los demás lo ignoraban, igual que ignoraban a Richard. En varias ocasiones, habían mandado a Richard a la biblioteca a sacar libros para él.

Un día, cuando los demás hombres salieron a almorzar y Jim comía solo en su escritorio, Richard se le acercó.

—Necesito tu ayuda —dijo Richard.

—¿Estás metido en algún lío? —Jim le preguntó con una mirada sospechosa.

—Quiero leer libros. Quiero tener acceso a la biblioteca, pero no puedo tener una tarjeta —dijo Richard, deseando que Jim no se fuera a reír en su cara.

—¿Qué quieres leer? —le preguntó Jim con curiosidad—. ¿Novelas, obras de teatro, historia?

Richard se sintió confundido. Su mente daba vueltas tan rápido que no podía pensar en un solo libro.

Jim no dijo nada, pero buscó en su escritorio y sacó una gastada tarjeta blanca. Se la entregó a Richard.

—¿Cómo la vas a usar? —le preguntó Jim.

—Escribiré una nota —dijo Richard— como las que usted escribía cuando yo iba por sus libros.

—Está bien —dijo Jim un poco nervioso—. Pero no se lo digas a nadie más. No quiero meterme en problemas.

—No, señor —le prometió Richard—. Tendré cuidado.

Cuando salió del trabajo, Richard caminó por las atestadas calles hacia la biblioteca. Sentía como si fuera en un tren hacia Chicago, como si ya fuera camino al Norte.

Pero cuando Richard cruzó la puerta, sintió que regresaba ese viejo temor. Se alzaron muchas cabezas ante la vista de un niño negro en la biblioteca.

Richard miró hacia el suelo y no subió la vista hasta que llegó al escritorio de préstamos.

La bibliotecaria se puso sus anteojos para asegurarse de que no estaba imaginando cosas. Richard le entregó la nota que había escrito y dio un paso hacia atrás.

—¿Por qué el señor Falk no puede venir por sus propios libros? —le preguntó con rudeza.

—Está muy ocupado —contestó Richard mientras le empezaban a temblar las piernas.

—Está bien —dijo la mujer—. Pero le tendrás que decir que la próxima vez preferiría verlo a él en persona.

Richard buscó por los montones de libros, incapaz de creer que pudiera haber tantos libros en el mundo. Tocó los lomos de piel y con los dedos sintió las páginas con las que había soñado tantas veces.

—¿Estás seguro de que estos libros no son para ti? —le preguntó la bibliotecaria con voz fuerte cuando fue a sacarlos prestados.

Una vez más, las cabezas giraron y Richard sintió los ojos de los blancos encima de él.

Pensó que lo habían atrapado, que nunca podría leer los libros que tanto anhelaba. Pero Richard le dijo a la señora lo que ella quería escuchar, lo que ella creía que era verdad de todos los niños negros como él.

—No, señora —dijo—. Estos libros no son para mí. Ni siquiera sé leer.

La bibliotecaria soltó una carcajada y selló los libros. Richard escuchó que otras personas se reían cuando salió por la puerta.

PIÉNSALO

¿Cómo funciona el plan de Richard? ¿Qué tuvo que soportar para conseguir los libros?

FÍJATE

¿Cómo influyen los libros en las ideas de Richard sobre la vida?

Esa noche, ya en su cuarto, Richard leyó hasta que el sol salió. Leyó las palabras de Dickens, Tolstoy y Stephen Crane. Leyó de las personas que habían sufrido como él, aunque tenían piel blanca. Anhelaban la misma libertad que Richard había tratado de conseguir durante toda su vida.

Cuando los rayos del sol entraron por la ventana, Richard dejó el libro. Se sentía adormilado, pero las palabras que había leído reverberaban en sus oídos, coloreaban todo lo que veía. Se preguntó si se comportaría de otra manera, si los demás se darían cuenta de cómo los libros lo habían transformado.

Richard supo que nunca volvería a ser el mismo.

Esa mañana, se llevó los libros al trabajo envueltos en papel periódico. Cada vez que tenía una oportunidad, cada vez que la oficina se quedaba vacía durante un momento, se ponía a leer.

El señor Falk se le acercó, fingiendo que iba a pedirle que recogiera su ropa de la lavandería.

—¿Qué sacaste? —le preguntó en voz baja.

Richard abrió el periódico y le mostró.

Al principio, Jim se sobresaltó. Pero luego una sonrisa iluminó su cara. —Ésos son libros poderosos, Richard —le dijo—. Esos libros te acompañarán el resto de tu vida. Pero por el momento —le dijo, mirando a su alrededor— debes guardarlos como un secreto.

Eso fue justamente lo que Richard intentó hacer, pero conforme el momento de su viaje al Norte se acercaba, le dejó de importar quién lo veía leer.

Los hombres en la oficina se reían o le preguntaban si estaba loco:

"¿Qué hace un niño de color como tú cargando una bolsa llena de libros por todos lados? ¡Esas largas palabras no te caben todas en la cabeza!" De vez en cuando, Jim le sonreía desde el otro lado del cuarto.

Los libros de la biblioteca habían cambiado algunos de los sentimientos de Richard respecto a los blancos. Aunque todavía les temía, los comprendía mejor.

El día que se iba a Chicago, se detuvo frente al escritorio del señor Falk.

"Gracias", le dijo Richard. "Gracias por los libros, gracias por todo..." Jim no dijo una sola palabra, se contentó con darle la mano a Richard enfrente de todos.

Cuando iba en el tren rumbo al Norte, volando por los campos abiertos, Richard recordó los libros que había leído.

Las palabras se le aparecieron, los cuentos eran más reales que el mismo tren. Cada página era un boleto a la libertad, al lugar en el que siempre sería libre.

PIÉNSALO

1. ¿Cómo cambiaron la vida de Richard Wright los libros que leyó?

2. ¿Cómo crees que ayudar a Richard pudo haber cambiado la vida de Jim Falk? Explica.

3. ¿Crees que valió la pena el riesgo que tomó Richard Wright para leer libros? ¿Por qué?

EL CHINO
por Allen Say

FÍJATE

Lee y averigua qué consejos importantes les da el padre de Billy Wong a sus hijos.

Mis padres vinieron de Cantón, China, y tuvieron seis hijos en Nogales, Arizona. Yo fui el cuarto. Me llamaron Bong Way Wong, pero mis hermanos y hermanas me decían Billy.

Nuestra casa era una tienda de comestibles en una esquina y abríamos todos los días del año.

"En Estados Unidos puedes ser cualquier cosa que quieras ser", nos dijo mi padre.

Eran buenas noticias porque ninguno de nosotros quería ser tendero cuando fuera adulto.

Lily, la mayor, estudiaba para bibliotecaria. Rose y Florence querían ser maestras. A mi hermano mayor, Jack, le encantaba la ingeniería. Y mi hermano menor, Art, decía que quería ser doctor.

Todo lo que yo quería era jugar baloncesto.

"¡Quién ha escuchado hablar alguna vez de un atleta chino!", se burlaban.

Ellos no comprendían. Yo quería ser un gran **atleta.**

"Por qué no escuchan a papá", les dije.

Pero papá murió cuando yo tenía diez años. Después, nuestros días se oscurecieron y tuvimos que ser una familia más fuerte. Rodeamos a mamá y seguimos con nuestros asuntos.

PIÉNSALO

¿Qué aprende Billy de su padre?

FÍJATE

Lee y averigua lo que le pasa al sueño de Billy.

Cuando entré a la secundaria por fin pude jugar baloncesto más en serio. Era ágil y rápido, y podía tirar desde cualquier lugar de la cancha. "El bárbaro", me llamaba el entrenador.

Pero nunca llegué a jugar en la universidad, era demasiado bajo.

—Sólo imagínatelo —le decía a mi hermano Jack—. ¡Cuatro pulgadas más y sería famoso!

—¿Y quién va a contratar a un jugador chino? —me preguntaba—. Aprende un oficio y gánate la vida como todo el mundo.

Así que igual que Jack, estudié ingeniería.

Cuando acabé la universidad obtuve trabajo como ingeniero de caminos. Eso hizo a todos muy felices, especialmente a mamá.

Pero yo seguía soñando con anotar la canasta vencedora con el reloj a punto de terminar.

"¡Pásenle la pelota a Billy!", gritaban.

Y siempre me la pasaban. Giraba y lanzaba en un mismo movimiento, y todos en el gimnasio gritaban mi nombre.

"¡Billy! ¡Billy! ¡Billy!"

Eso nunca se me ha olvidado.

¡Denme la pelota!

Pero para entonces yo ya tenía un oficio y me ganaba la vida. En mis primeras vacaciones fui a Europa. España fue lo que más me gustó; hacía calor, como en Arizona. Vi castillos y museos, catedrales y gitanos bailarines.

Entonces vi una corrida de toros.

PIÉNSALO
¿Crees que Billy desistió de su sueño? ¿Por qué?

FÍJATE
Averigua lo que Billy aprende sobre las corridas de toros.

Es un deporte en el que el torero engaña al toro con una capa de tela y lo mata con una espada. A veces el toro mata al torero. No era nada parecido a los espectáculos de rodeo que yo había visto en casa.

La primera vez que el toro embistió contra el torero, cerré los ojos.

"¡Olé!", gritó la multitud, y puse atención.

Es cierto, era un espectáculo, un circo muy peligroso. Y el torero era un tipo de atleta. Tenía gracia, como un bailarín de ballet, y tenía los nervios más controlados que yo jamás había visto.

El toro no lo tocaba, y cada vez que el toro pasaba, el público gritaba más fuerte. Yo gritaba con ellos, hasta que me quedé sin voz.

Cuando la corrida terminó, el toro estaba muerto. Ahora eran las personas las que embestían al torero. Gritando lo más fuerte que podían, lo levantaron en hombros y lo sacaron fuera de la arena. Yo corrí detrás.

No tuve que perseguirlos muy lejos. Hasta logré pararme a un lado del sorprendente temerario, y me llevé una sorpresa. ¡Era mucho más bajo que yo!

Esa noche no pude dormir. No podía evitar que siguiera bailando en mi cabeza aquel pequeño español en su elegante traje.

Por la mañana me compré ropa española. Luego, conseguí un cuarto en una casa de huéspedes, en donde guardé mi ropa vieja y me puse la nueva. Frente al espejo, me veía como un elegante caballero español.

Con las manos y los brazos, le pregunté a la casera: —¿En dónde está la escuela de toreros?

—Ah, señor —se me quedó mirando con lástima en los ojos—. Sólo los españoles pueden ser matadores de verdad.

Me recordó a mi mamá. Y eso me recordó que tenía que mandarle un telegrama, y también uno a mi jefe. Lo siento mucho y por favor perdonen, no regresaré a casa.

PIÉNSALO

¿Por qué decide Billy quedarse en España?

FÍJATE

¿Cómo puede convertirse en torero? Lee para saber lo que hace.

La escuela estaba en el claro de un bosque en las afueras de la ciudad, pero el maestro había sido un matador famoso de joven. Nos turnábamos para hacerla de toro, y el viejo maestro nos enseñó a usar la capa y la espada.

—Es un buen atleta —escuché que dijo un estudiante un día.

—Y es valiente y tiene estilo —dijo otro—. Pero no puede ser un matador, no es español.

Mi papá les hubiera dicho una que otra cosa, pero no tenía caso. ¿Cómo iban a entender? No habían crecido en los Estados Unidos.

Antes de que me diera cuenta, ya había llegado la primavera a España. Es la época en la que los ganaderos contrataban a los aspirantes a toreros para probar sus vaquillas en busca de bravura y fuerza. Y los estudiantes que toreaban bien se convertirían en verdaderos matadores. Al igual que mis compañeros, fui en busca de trabajo.

Pero, a todos los lugares a los que fui, los ganaderos me veían y movían la cabeza para negarse. Mi familia me mandaba amor y dinero, y eso me ayudó a sobrevivir, pero después de dos años no había toreado una sola vaquilla. A lo mejor ya era hora de que me diera por vencido, regresara a mi casa y siguiera siendo ingeniero.

¿Pero qué me hubiera dicho mi papá?

Yo le diría que esto no era Arizona, Estados Unidos, así que no podía ser un matador español.

Pero *un momento,* señor. ¿Un matador español? ¿En qué había estado pensando todo este tiempo?

¡Soy chino!

Busqué por toda la ciudad y finalmente encontré lo que quería, una vestimenta de chino. Me la probé y casi no me reconocí en el espejo.

Era como si me estuviera viendo por primera vez. Parecía un chino de *verdad.* Y mientras me observaba en el espejo, una extraña sensación me envolvió. Me sentí poderoso. Sentí que podía hacer todo lo que yo quisiera, ¡hasta ser un matador! ¿Sería posible que aquella ropa fuera mágica?

Salí a la calle para ver qué sucedía.

Yo era un espectáculo.

Los niños me seguían a dondequiera que fuera. Los hombres me saludaban desde el otro lado de la calle. Las mujeres sonreían.

"¡El Chino!", gritaban. "¡El Chino!"

Por primera vez la gente se fijaba en mí, y eso era mágico.

Era hora de buscar a un ganadero.

PIÉNSALO

Una vez más Billy casi se da por vencido. ¿Qué cambia la forma en la que se ve a sí mismo?

FÍJATE

Lee y averigua lo que les demuestra a los demás.

Y sucedió que el primer ganadero que me vio asintió con la cabeza. Así de fácil, estaba frente a mi primer toro vivo.

En realidad sólo era una vaquilla, pero se parecía más a un rinoceronte negro, con cuernos con los que podía acuchillarme de un lado al otro.

"No voy a dar un paso atrás", me dije mientras agitaba la capa.

Esa negra corpulencia se quedó quieta, agitando su cola como la de un león.

"*¡Aja, Toro-o-o!*", le grité agitando la capa con fuerza.

Su embestida fue repentina y veloz.

Como un peñasco que se derrumba, la vaquilla se dirigió directamente hacia mí y columpié la capa. *¡Suoosh!* Pasó por mi lado despidiendo un aire caliente. Giré, agité la capa y ella volvió a embestir. Y otra vez.

No recuerdo cuántos pases di antes de que escuchara el grito de los ayudantes de la ganadería. Querían ver cómo terminaría la lidia.

Así que hice que me embistiera de nuevo, y luego me fui caminando sin voltear hacia atrás, como había visto que hacían los matadores de verdad. Rogaba para que la vaquilla no me corneara por la espalda. No se movió.

"¡Olé, olé!" La multitud me aplaudía. Había pasado la prueba.

A la mañana siguiente, un hombre calvo tocó a mi puerta.

—¡He escuchado cosas buenas de usted, señor! —me dijo—. Soy un apoderado de matadores. ¿Quiere que lo ayude a convertirse en matador?

—¡Sí! —casi grité—. ¡Sería un honor!

—*Bueno.* Pero no puede torear con esa rara vestimenta. Venga conmigo —me dijo, y me llevó con un sastre.

Allí me confeccionaron un "traje de luces", como el que usan todos los matadores en el ruedo. Me sentía como un príncipe al que preparan para una ceremonia importante.

¿Por qué crees que el apoderado quiere ayudar a El Chino?

FÍJATE

¿Qué siente Billy respecto a su logro? Sigue leyendo.

Y *hubo* una ceremonia. ¡Mi apoderado me había conseguido una corrida de verdad en menos de un mes!

"Eres toda una sensación", me dijo. "Los boletos están agotados, y todos quieren ver a El Chino."

Finalmente mi día había llegado.

Dentro de poco tiempo mi apoderado llegaría con muchos periodistas y fotógrafos. Yo era noticia. Y se suponía que mi apoderado iba a ayudarme a ponerme mi "traje de luces", pero yo no podía esperar más, así que me lo puse yo solo.

Me veía espléndido en el espejo.

"Qué bueno que no creciste cuatro pulgadas más", me dije. "Demuéstrales que tienes estilo y que eres valiente, igual que el mejor. No quedes mal, por el bien de tu familia."

Mientras me observaba en el espejo empezaba a sentirme como un triunfador. Nunca había habido un matador chino antes que yo. Casi podía escuchar la plaza llena que me aplaudía. Y si toreaba bien, me sacarían de la arena en hombros, gritando mi nombre todo el tiempo.

Y así fue que sucedió. Igual que como lo había soñado.

"¡Olé! ¡El Chino, olé!"

PIÉNSALO

1. ¿Qué opinión tenía Billy de sí mismo al final del cuento?

2. Los hermanos de Billy creían que nadie quería un atleta bajito, un atleta chino. Pero, ¿cómo lo ayudó su estatura a convertirse en matador?

3. ¿Qué cualidades crees que lo ayudaron a cumplir sus sueños?

Let the Chips Fall

¡PASEN LAS PAPAS!
por Susan Pilar de la Hoz

FÍJATE
¿Qué hace el chef George Crum cuando los clientes se quejan?

Para un chef, el peor desastre es cuando fracasa una receta. El segundo peor desastre es cuando a un cliente no le gusta la comida. Pero, fue gracias a un cliente exigente y a un chef malhumorado que ahora existen las papas fritas. La próxima vez que muerdas una papa frita, piensa en George Crum. Es el chef que inventó ese salado, sabroso y pequeño refrigerio. Así fue como sucedió.

Hace mucho tiempo, en 1853, el chef Crum trabajaba en la posada Moon Lake. Era un centro vacacional muy elegante en el condado de Saratoga en Nueva York. Al centro iban las personas más ricas de la costa este. Se comportaban como reyes y reinas. Querían que las cosas se hicieran a su manera y sólo a su manera.

Crum, que era mitad indígena americano y mitad africano americano, estaba muy orgulloso de su manera de cocinar. Su carácter era como un volcán. Si a alguien no le gustaba su comida, no se la cambiaba y ya. Preparaba algo tan feo que la persona se levantaba y abandonaba el lugar.

Al igual que muchos chefs, Crum ofrecía papas a la francesa como parte del menú. A la gente le han gustado las papas a la francesa desde la época de Thomas Jefferson. El señor Jefferson trajo la receta desde Francia.

Un día, un cliente importante entró a la posada Moon Lake a comer. Algunos dicen que se trataba de Cornelius "el Comodoro" Vanderbilt, un millonario famoso. Probó las papas del Chef Crum y frunció el entrecejo. Para él, las papas parecían esponjas; no estaban lo suficientemente crujientes. Las mandó de regreso a la cocina.

Pero el humor del chef Crum empezó a calentarse. *¿No estaban lo suficientemente crujientes? Ya veremos.* El chef cocinó otra tanda de papas y se las mandó a Vanderbilt.

El Comodoro probó una y sacudió la cabeza. Las papas aún no estaban bien crujientes. Y se fueron de regreso a la cocina.

Cuando el chef Crum vio el plato, explotó. *¡Yo le enseñaré a ese Vanderbilt una que otra cosa!* Rebanó otra tanda de papas tan delgadas como hojas de papel. Puso a freír las papas hasta que quedaron doradas y crujientes. Estas papas no se podían comer con un tenedor: se romperían. Crum estaba seguro de que Vanderbilt las odiaría.

Al Comodoro le encantaron las papas finas como el papel. Se comió cada una de ellas y pidió otra ración, y luego otra. Sin proponérselo, el chef Crum había inventado un nuevo refrigerio: las papas fritas.

PIÉNSALO
¿Qué hace Crum para desquitarse del señor Vanderbilt? ¿Qué sucede como consecuencia de las acciones de Crum?

Muy pronto, todos en la posada empezaron a pedir estas nuevas papas fritas. Al principio, el chef Crum las llamó "papas crujientes". Después de un tiempo aparecieron en el menú como "Papas Fritas Saratoga".

El "desastre" del chef se convirtió en una de las mejores cosas que le pudieron haber sucedido. Cuando Crum abrió su propio restaurante, colocaba en cada mesa una canasta con papas fritas. Hasta vendía la papas fritas en bolsas para que se las llevaran a la casa. (Por cierto, ¡hay quien dice que Vanderbilt ayudó a Crum para que abriera su nuevo restaurante!)

Pronto las papas fritas aparecieron en todos los restaurantes. Luego, alguien decidió meterlas en bolsas y se las vendió a las tiendas. Para 1929, se inventó una nueva freidora que podía freír cientos de papas a la vez. Ahora las personas podían transportar bolsas de papas fritas de una costa a la otra.

Hoy en día, las papas fritas son el refrigerio más popular de los Estados Unidos. Las hay de muchos sabores: de queso, a la barbacoa, de pimientos picantes, de cebolla, de vinagre y otros. ¡Y todo se lo debemos al chef George Crum (y a lo mejor a Vanderbilt)!

PIÉNSALO

1. ¿Cómo fue que las papas fritas de Crum se convirtieron en el aperitivo favorito en los Estados Unidos?

2. ¿Crees que Crum y Vanderbilt deberían compartir el crédito como inventores de las papas fritas? ¿Por qué?

3. ¿Qué explica este esbozo biográfico? Menciona el punto principal de la biografía.

**SOY UN CAZADOR *de* PALABRAS SABIAS POR PAUL TIULANA
versión narrada a Vivian Senungetuk**

Paul Tiulana es un indígena inuit que creció en una pequeña aldea cerca de Nome en Alaska. Su padre fue un famoso cazador que murió cuando Paul era muy joven. La familia de Paul lo educó para que ocupara el lugar de su padre como cazador y como líder. Cuando cumplió los 21 años, Paul se unió al Ejército de los Estados Unidos y fue entonces cuando comenzaron sus problemas.

FÍJATE

Lee y averigua lo que pasa con la intención de Paul de ser un gran cazador.

Llevaba apenas un mes en el ejército, entrenando en Nome, cuando ocurrió un accidente y me rompí una pierna. Ayudaba a descargar madera de un barco de transporte. La eslinga se resbaló por debajo de una de las vigas y la madera me cayó encima. Me llevaron al hospital en Nome, pero los doctores no acomodaron bien los huesos y se me desarrolló una infección. Ese mes empezó la invasión japonesa de las islas Aleutianas y los doctores querían desalojar el hospital para los soldados heridos. Así que transfirieron a varios pacientes, incluyéndome a mí, al Hospital General Barnes en Vancouver, Washington. Para ese entonces yo ya tenía gangrena. Los doctores en Barnes me dijeron que si hubiera llegado antes podrían haber tratado de salvarme la pierna, pero ya era demasiado tarde. Así que tuvieron que hacerme tres operaciones para amputarme la pierna. Fue muy doloroso.

Me enviaron al Hospital General Bushnell en la ciudad de Brigham en Utah para que me hicieran una pierna de madera. Allí estuve como cinco meses. Tenía ganas de morirme. Había perdido toda mi preparación para convertirme en un buen cazador. Lo había perdido todo. Ya nunca podría salir a cazar en el hielo flotante. El hielo en el mar de Bearing siempre está en movimiento —al norte, sur, este y oeste— y es muy peligroso. Es un lugar muy peligroso aunque uno tenga dos piernas.

Cuando me licenciaron del ejército y me mandaron a casa, mi primo me hizo unas muletas. Me sentía decepcionado, enojado y deprimido. Las personas cercanas a mí decían que habían perdido a alguien que podía haber sido un cazador exitoso. En especial, me habían entrenado para cazar osos polares. Para esto había tenido que correr muchísimo, para desarrollar los músculos y perseguir a los osos polares. Y había perdido eso. Tenía veintiún años y lo había perdido todo.

PIÉNSALO

¿Por qué siente Paul que ha perdido todo?

FÍJATE

Lee y averigua lo que sucede cuando Paul intenta cazar.

Decidí que de cualquier manera iba a cazar. ¿Qué más podía hacer? Construí unas muletas más pesadas para caminar sobre el hielo. Al principio sólo cazaba en la orilla del hielo porque ahí no se mueve. Cargaba mi saco y mi rifle de cacería en las espaldas y me desplazaba sobre la orilla del hielo con las muletas.

Un día hacía un clima agradable, la corriente no fluía rápido y el viento estaba en calma. Cuando el viento está en calma, la corriente es lenta. Salí a cazar y logré atrapar una foca. Me sentí muy bien. Había caminado sobre el hielo flotante y había logrado cazar. Arrastré la foca hasta la orilla del hielo. Saqué una cuerda del saco, la amarré alrededor de la foca y de mi cintura, y me dirigí a casa. No llegué muy lejos. El hielo se quebró justo enfrente de mí y me caí dentro del hielo flotante. Por suerte alguien estaba cerca. Le grité, se acercó corriendo y me ayudó a salir.

En otra ocasión salí a cazar y perdí el rifle. Trataba de atrapar una foca y había dejado parte de mi equipo cerca de su respiradero. Mi saco de cacería y mi rifle estaban lejos. El hielo se rompió bajo mis pies y no pude brincar con el rifle sobre la cuarteadura. No pude agarrar el rifle. La grieta sólo medía dos o tres pies de ancho. Cualquier otra persona lo hubiera brincado, pero yo no podía. Así que tuve que caminar un largo trecho alrededor de la grieta para agarrar mi saco de cacería, pero el hielo empezó a quebrarse nuevamente y el rifle se hundió. La bolsa flotaba sobre el agua pero no la podía alcanzar. La habría rescatado si hubiera tenido dos piernas. Así que, finalmente, me dije: "Si insisto en salir a cazar en muletas, un día no voy a regresar. Es demasiado peligroso".

PIÉNSALO

¿Por qué tener sólo una pierna pone a Paul en peligro?

FÍJATE

Lee y averigua cómo reacciona Paul ante sus problemas.

Así que construí un pequeño bote de piel. Medía cerca de dieciséis pies de longitud. El hijo de mi hermano y mi hermano me ayudaron a construir el marco de madera. Unas mujeres de la aldea cosieron las pieles de morsa abiertas para cubrir el marco. Pensé que sería más seguro cazar desde un bote de piel que sobre muletas. Siempre que soplaba el viento del norte, cazaba en el agua abierta al sur de la aldea. Así pude atrapar más focas. Antes de mi accidente ya había cazado desde un kayac, pero ya no podía mantener el equilibrio en un kayac con mi pierna de palo. Para mantener el equilibrio tenía que inclinarme hacia un lado del kayac y resultaba demasiado pesado para mi espalda. Así que no volví a usar el kayac. Usaba el pequeño bote de piel.

Las personas de la isla King hicieron todo lo posible por ayudarme. Un invierno, mi sobrino, mi hermano y yo fuimos a cazar al lado este de la isla. Nos adentramos lo más que pudimos pero ya no podíamos avanzar más porque la zona estaba cercada de hielo y la barca de piel no podía pasar. Jalamos el bote de piel y lo pusimos sobre el hielo. Miré hacia el norte y vi a la distancia un objeto sobre el arrecife de hielo. Arriba de ese objeto volaban dos cuervos.

Resulta que cuando yo era niño, mi madre me decía que siempre que mi papá veía dos cuervos que jugaban con algo sobre el hielo, significaba que había un animal cerca, quizá un zorro o ¡un oso polar! Vi cómo los cuervos descendían y ascendían, abajo y arriba. Seguí observando el lugar al que descendían y alcancé a ver un objeto. Sabía que era un oso polar. Le dije a mi hermano y mi sobrino: "Un oso polar viene hacia nosotros. Deberíamos jalar la barca más arriba para que el hielo no se la lleve". Así que la jalamos un poco fuera del agua.

Nos escondimos detrás de los arrecifes. Vimos que eran tres osos polares, una madre y sus dos cachorros casi del mismo tamaño que la madre. Cada vez que nos asomábamos los veíamos más cerca. Ellos no nos podían ver, sólo veían nuestro bote de piel. Era probable que creyeran que se trataba de una foca o una morsa. Finalmente, cuando se empezaron a alejar de nosotros, cada uno apuntó hacia un oso polar y los matamos a los tres.

PIÉNSALO

¿Cómo se convierte Paul en cazador después de que regresa a casa?

FÍJATE

Lee y averigua cómo tratan las personas a Paul cuando regresa de cacería.

En ese entonces mi madre todavía vivía y cuando llegamos a casa me preguntó: "Hijo, ¿tú mataste al oso polar?" Yo le conteste que sí y ella se puso a llorar de felicidad. Creía que yo nunca podría cazar un oso polar teniendo una pierna de madera, pero lo logré. Usamos la carne y vendimos las pieles.

Casi una semana después organizamos un baile del oso. Regalamos algo de comida, cuero y pieles de los animales. Yo era el administrador de la tienda cooperativa de la aldea y ese año pedí una máquina de hacer helados para preparar los helados como lo hacían los hombres blancos. Ésa fue la primera vez que dimos helado en el baile del oso polar. Y al día siguiente, uno de mis parientes cercanos me dijo: "Paul, deberías cazar otro oso para que podamos comer más helado".

Creó que cacé casi todas las clases de animales de la isla King: focas, morsas, osos polares, pájaros. Hice todo lo que había aprendido a hacer antes de ser un minusválido. Mi preparación como cazador no fue un desperdicio. Cuando empecé a cazar desde mi bote de piel, podía ir a la par de los otros cazadores. Nunca intenté ser un gran cazador, sino mantenerme a la par con los demás. Pero me demostré que era un cazador; no una persona minusválida, sino un cazador.

PIÉNSALO

1. ¿Cómo trataron las personas a Paul después de la cacería de osos? ¿Qué pensaba Paul de sí mismo como cazador?

2. ¿Qué problemas tenía que enfrentar cuando quería cazar? Finalmente, ¿cómo lo logró?

3. Paul podía hacer muchas cosas, como encargarse de una tienda. ¿Por qué crees que quería cazar? Usa ejemplos del cuento para apoyar tu respuesta.

Gail Devers

GAIL DEVERS
por Zoë Kashner

FÍJATE
La obra empieza en el año 2000. Lee y averigua quién es Gail Devers y qué es lo que casi acaba con su carrera.

Personajes

Reportero

***Narrador 1**

***Narrador 2**

***Gail Devers,** una atleta olímpica

Entrenador Bob Kersee, entrenador del equipo de pista de la UCLA

Doctor Smith, un médico de las olimpíadas de 1988

Doctor Bob Forster, el médico de deportes de la UCLA

Niño 1

Niño 2

Jackie Joyner-Kersee, una atleta olímpica, esposa de Bob Kersee

Doctor Roberts, un médico en California

* Papeles principales

Escena 1

Narrador 1: Es febrero del 2000. La velocista olímpica Gail Devers descansa después de un intenso entrenamiento. Un reportero deportivo la entrevista.

Reportero: Señorita Devers, usted competirá en las Olimpíadas de Verano en Australia. ¿Recuerda esta fotografía de 1992 durante su primera carrera olímpica?

Narrador 2: El reportero le muestra a Gail una fotografía suya tomada en 1992. Es la primera persona en cruzar la línea de meta en la carrera de los 100 metros.

Gail: Por supuesto que la recuerdo. En ese momento, yo era la mujer más rápida del mundo. ¿Sabía usted que justo un año y medio antes de que tomaran esa fotografía por poco me amputan un pie?

Reportero: Cuénteme al respecto.

Gail: Bueno, desde niña me encantaba correr...

PIÉNSALO
¿Qué dos cosas quiere saber el reportero acerca de Gail Devers?

FÍJATE
La segunda escena ocurre en 1984. ¿Qué cree el entrenador Bob Kersee que Gail puede hacer?

Escena 2

Narrador 1: Retrocedemos hasta 1984. Gail Devers es una estudiante de preparatoria en Los Ángeles. Acaba de ganar el campeonato estatal en la carrera de obstáculos de los 100 metros y la carrera de los 100 metros.

Narrador 2: Bob Kersee, un famoso entrenador de pista en la UCLA, la está esperando en las gradas.

Bob: Permíteme que me presente. Soy Bob Kersee, el entrenador de pista de la UCLA. Me gustaría que corrieras conmigo en el equipo universitario de pista.

Gail: ¿Formo parte del equipo así nada más?

Bob: Sí Gail, así nada más.

Gail: ¡No lo puedo creer!

Bob: Créelo. ¡Un día vas a participar en las Olimpíadas! Yo te voy a entrenar en UCLA hasta que llegues allí.

Gail: ¿Realmente cree que puedo llegar a las Olimpíadas?

Bob: Gail, un día vas a ser la corredora más veloz del mundo. ¡Estoy seguro!

PIÉNSALO

¿Cómo ayudará Kersee a Gail en su profesión?

FÍJATE

Lee y averigua qué problemas de salud obstaculizan el rendimiento de Gail.

Escena 3

Narrador 1: Estamos en 1988. Gail ha estado entrenando durante cuatro años. Acaba de graduarse de la UCLA. Su sueño se ha vuelto realidad. Está en las semifinales en las Olimpíadas de Seúl, en Corea del Sur.

Narrador 2: Pero Gail no se siente bien. No logra pasar a las finales. Tiempo después, va a ver a un doctor.

Gail: No entiendo qué me pasa. Desde la semana pasada, me duelen los músculos y tengo unas horribles jaquecas. Siento que casi no me puedo mover. ¡Y no estoy haciendo nada nuevo!

Dr. Smith: Creo que estás sufriendo de un exceso de tensión. A veces los atletas no soportan la tensión.

Gail: No sufro de tensión. Yo estaba preparada para ganar esa carrera.

Dr. Smith: Gail, vete a casa. No estabas lista para las Olimpíadas.

Narrador 1: Triste y confundida, Gail regresa a Los Ángeles y sigue su entrenamiento con Bob.

Escena 4

Narrador 2: Gail continúa con su entrenamiento, pero cada vez se siente peor. Cuando corre siente que su cuerpo está a punto de desbaratarse. Le duele el estómago. Le duele la cabeza.

Narrador 1: Un día durante el entrenamiento, Bob se da cuenta de que Gail está tropezando.

Bob: Gail, ¿qué sucede?

Narrador 2: Bob le ve unas manchas rojas en los brazos y en la cara. Después se da cuenta de que se le está cayendo el pelo.

Bob: No te ves bien. ¿Estás enferma?

Gail: Estoy agotada todo el tiempo. Y tengo este problema en las manos.

Narrador 1: Gail extiende las manos. Le están temblando.

Bob: Esto está muy mal, Gail. ¿Has visto a un doctor?

Gail: No se ponen de acuerdo. Un doctor me dijo que era mi imaginación. Pero yo sé que tengo algo mal en el cuerpo.

Narrador 2: Tiempo después, Gail se encuentra al doctor Forster, su antiguo doctor del equipo de la UCLA:

Dr. Forster: Sin intención de ofenderte, Gail, pero ¡te ves terrible!

Gail: Me siento terrible. ¡Nadie sabe lo que me está pasando! Empiezo a creer que sí es mi imaginación. A lo mejor estoy a punto de enloquecer.

Dr. Forster: Sabes una cosa, parece como si tuvieras los síntomas de la enfermedad de Graves. ¿Te has hecho pruebas de laboratorio?

Gail: ¿La enfermedad de Graves? ¿Qué es eso?

Dr. Forster: La enfermedad de Graves ataca la tiroides, una glándula que está en el cuello debajo de la caja vocal. La tiroides es muy importante para las funciones químicas de tu cuerpo. Todos los problemas que has estado sufriendo pueden deberse a esta enfermedad.

PIÉNSALO

¿Qué síntomas hicieron que el Dr. Forster pensara que Gail padecía la enfermedad de Graves?

FÍJATE

Lee y averigua si Gail consigue ayuda.

Escena 5

Narrador 1: A Gail le diagnostican la enfermedad de Graves. Finalmente, pudo recibir el tratamiento que necesitaba. Primero recibe tratamiento de radioterapia para matar la enfermedad y salvarle el cuerpo.

Narrador 2: Pero las radiaciones le ocasionan otros problemas. El tratamiento le quema las manos y los pies, y siente comezón en cada pulgada de la piel. Aun así, sigue corriendo.

Narrador 1: Gail entrena temprano por las mañanas, antes de que nadie salga a la pista. No quiere que nadie la vea. Se siente avergonzada de su apariencia. Un día, cuando se iba de la pista, se encuentra a un par de niños que la vieron correr.

Niño 1: ¿Qué te pasa?

Gail: ¿Qué quieres decir?

Niño 2: ¡Parece como si los ojos se te fueran a salir de la cabeza!

Niño 1: Tienes llagas en el rostro.

Gail: Tengo la enfermedad de Graves.

Niño 2: Uy. Espero que nunca me pase eso a mí. ¡Te ves espantosa!

Gail: Muchas gracias.

Escena 6

Narrador 2: Gail decide no verse más en el espejo. Se siente como si fuera un monstruo. En la pista, su amiga, la famosa corredora y esposa de Bob Kersee, Jackie Joyner-Kersee, se acerca a hablar con ella.

Jackie: Gail, ¿te han crecido los pies? ¿Qué talla de zapatos usas?

Gail: Son talla 12 de hombres. Últimamente los pies se me han hinchado mucho.

Jackie: ¿Por qué sigues corriendo?

Gail: Jackie, tú lo sabes mejor que nadie. No puedo dejar de correr. Es mi vida.

Jackie: Déjame verte los pies.

Narrador 1: Gail se quita los zapatos. Los pies le están sangrando y están cubiertos de llagas. Sus calcetines blancos están manchados de rojo y tiene un pedazo de piel adherido al algodón.

Jackie: Gail, prométeme que vas a ir a ver a un doctor de los pies. Ya sé que te están dando radiaciones para tu enfermedad, pero alguien tiene que examinarte esos pies.

Narrador 2: Gail va al doctor. Le dice que tiene pie de atleta y debe untarse una medicina.

Narrador 1: Pasan dos semanas y Gail casi no puede caminar. Un día, mientras hace ejercicio en una bicicleta fija cerca de la pista, se siente débil y a punto de desmayarse. Todo comienza a girar a su alrededor. De repente, se cae de la bicicleta al suelo. Bob corre a ayudarla.

Bob: Gail, ¿qué sucede? ¿Qué tienes?

Gail:	Me siento muy mal. Siento que los pies me arden. La medicina para el pie de atleta no sirve para nada.
Bob:	Gail, en este mismo instante vamos a ver a un doctor. Ahora mismo.
Narrador 2:	Gail va a ver otro doctor. Le examina los pies.
Dr. Roberts:	¡No puedo creer que te tardaste tanto tiempo en buscar un médico!
Gail:	Acabo de ir al doctor. Me dijo que tenía pie de atleta.
Dr. Roberts:	¿Pie de atleta? No, ¡tú tienes algo muy grave! Es una severa reacción a la terapia de radiación.
Gail:	¿Eso qué significa?
Dr. Roberts:	Quiere decir que si te hubieras tardado dos días más en venirme a ver, ¡hubiera tenido que amputarte los pies!
Gail:	¡No! ¡No puedo quedarme sin pies! ¡Tengo que correr!
Dr. Roberts:	Bueno, por lo menos estamos justo a tiempo. Todavía podemos tratarte los pies con antibióticos.

PIÉNSALO

¿Qué nuevos problemas provocó la radiación? ¿Qué hubiera sucedido si Gail no recibe el tratamiento justo cuando lo hizo?

FÍJATE

¿Cómo transformó a Gail su enfermedad?

Escena 7

Narrador 1:	Un mes más tarde, en abril de 1991, Gail se siente mucho mejor. Corre sin dolor.
Narrador 2:	Para 1992, Gail está lista para las Olimpíadas. Está en condiciones de correr para la carrera de 100 metros y para la de 100 metros con obstaculos.
Narrador 1:	Para el primero de agosto de 1992, Gail está calentando para la carrera de los 100 metros en las Olimpíadas de Barcelona en España. Está a punto de competir contra las corredoras más veloces del mundo.
Jackie:	Gail, ¿recuerdas cuando tuviste que usar talla 12 en zapatos de hombre?
Gail:	No me lo recuerdes.
Jackie:	Ganes o pierdas, te queremos. Es asombroso que hayas llegado hasta aquí en sólo año y medio.
Narrador 2:	Jackie abraza a Gail. Ambas tienen lágrimas en los ojos.
Jackie:	Eres tan valiente. Trabajaste muy duro para esto.
Gail:	Sólo me siento feliz de poder correr.

Narrador 1: Gail se coloca en posición de salida con las demás velocistas mundiales. Se escucha el disparo de salida.

Narrador 2: 10.82 segundos después, Gail cruza la línea de llegada. Gana el primer lugar y es la mujer más veloz del mundo.

Escena 8

Narrador 1: Regresamos al presente: febrero del 2000. Gail termina de contarle su historia al reportero.

Reportero: Has tenido que pasar por mucho, y aún sigues corriendo. También ganaste la medalla de oro en la carrera de 100 metros en 1996. ¿Crees que también puedas ganar este año en las Olimpíadas de Sydney en Australia?

Gail: Bueno, ¡sólo puedo decir que voy a intentarlo! No le deseo a nadie que pase por lo que yo he pasado, pero ahora soy una persona más fuerte, con más determinación gracias a eso. Después de vencer la enfermedad de Graves, sé que no hay obstáculo que no pueda vencer.

PIÉNSALO

1. ¿Cómo describirías la actitud de Gail ante la vida y ante su enfermedad? Da evidencia para apoyar tu respuesta.

2. Jackie Joyner-Kersee le dijo a Gail Devers que era "valiente". ¿Estás de acuerdo? ¿Por qué?

3. ¿Cuál es el mensaje de la historia de Gail?

Nota del editor: El 27 de septiembre del 2000, Gail Devers participó en la carrera de obstáculos de los 100 metros en las semifinales de las Olimpíadas de Verano en Sydney, Australia. Pero se tropezó con el quinto obstáculo y se cayó debido a que se lastimó el tendón de la corva. Es el tendón que está detrás de las rodillas. Debido a este accidente no pudo participar en las finales. Cuando le preguntaron si volvería a correr en las Olimpíadas, Gail contestó: "Sólo porque no gané la medalla de oro en el 2000, no quiere decir que no podré conseguir otras metas que me propuse en la carrera de obstáculos de los 100 metros. Sólo tendré que esperar un poco más".

del REGRESO DE BRIAN
por Gary Paulsen

FÍJATE

Lee y averigua qué medidas toma Brian para asegurarse de que su viaje sea seguro y cómodo.

Brian despertó justo después del amanecer, cuando el sol empezó a calentar la tienda. No había nubes en el cielo. Le dio vuelta a la canoa, y cuando fue por sus mochilas vio huellas de oso.

Un oso, mediano. Había venido durante la noche, tan silencioso que Brian no lo había escuchado; aunque durmió tan profundo su primera noche en el bosque que el oso pudo haber pateado botes de basura metálicos.

No había ocasionado ningún daño. Las huellas llegaban al fuego y luego se dirigían a donde había enterrado los restos del pescado. El oso los había excavado y se los había comido. Luego se dirigió a la tienda, aparentemente para observarlo, y luego había ido hasta las mochilas. Brian podía ver que se había parado e intentado alcanzarlas. Había huellas de garras en el árbol, pero el oso nunca encontró la cuerda que sostenía las mochilas y se había ido sin destruir nada.

—Tuve visitas —dijo Brian—. Y ni siquiera me desperté.

En la orilla del lago, deslizó la canoa dentro del agua y subió todo su equipo, atándolo todo. Se tomó su tiempo en recoger unos pedazos de madera y hojas para hacer humo en una lata de café y alejar a los mosquitos y, luego, se subió a la canoa. Aún era temprano, pero ya hacía calor y pronto se quedó sólo con sus pantalones cortos.

Guardaba el mapa en una bolsa transparente de plástico que estaba atorada debajo de una cuerda enfrente de él. En lugar de sentarse sobre el pequeño asiento prefirió hincarse para remar porque se sentía más estable. No se sentía tan seguro como hubiera querido.

Ya antes había llevado la canoa a un pequeño lago cerca de su casa para practicar y también había alquilado canoas en otros lugares, pero estaba consciente de que todavía le faltaba mucho por aprender. Sentía que tenía más control si se mantenía bajo y sobre las rodillas.

Sólo le faltaba recorrer una milla en el lago y llegaría al río. En una de sus mochilas llevaba una brújula, aunque realmente no la necesitaba. Los lagos estaban bien dibujados en el mapa y podía ver dónde empezaba el río.

Todo ese día sintió como si formara parte de un cuadro, un bello y privado diorama. Navegó por una laguna angosta y bien protegida, luego a través del lago abierto y luego debajo del follaje por el agua quieta.

Nunca había pasado un día tan rápido y tan hermoso, y casi se le olvida que tenía que buscar un lugar para acampar y conseguir algo de comida antes de que oscureciera. Todavía no estaba cansado de comer pescado y arroz hervido, así que en la tarde pasó un rato navegando por las flores de lirios y dejó caer la red. Inmediatamente atrapó un pez luna grande y tres pequeños, se los llevó arrastrando ensartados por las agallas y la boca con un pedazo de cuerda de nilón.

Buscó con calma un lugar para acampar y eligió un terraplén de unos cinco o seis pies sobre la superficie del lago. Era un claro de unas 20 yardas de ancho. Había muchos claros de ese tipo que probablemente habían hecho los castores, años antes, cortando los árboles pequeños, permitiendo que el pasto ocupara su lugar.

Brian llevó la canoa hasta el pasto y sin una buena razón ató un pedazo de la proa a un árbol.

Más tarde recordaría este acto de previsión. No lo había hecho la noche anterior y, dado que este lugar estaba más alto, tampoco hubiera pensado que fuera necesario atar la canoa en este caso.

PIÉNSALO

¿Qué medida de seguridad toma Brian que puede ser la más importante? ¿Por qué?

FÍJATE

Lee y averigua lo que sucede cuando llega una tormenta. ¿Qué daños provoca?

La tormenta azotó a mitad de la noche.

No era tanto el viento —por lo menos no tanto como el que había sufrido antes cuando ocurrió el tornado y se quedó aislado por primera vez en la jungla— y no era que cayera mucha lluvia, aunque sí una buena cantidad.

Era la combinación de las dos cosas.

Había preparado la cena y comido, había hervido agua para la cantimplora del día siguiente y subido sus mochilas en un árbol, había montado la tienda y acomodado su bolsa de dormir y sus armas. Luego, se había sentado junto a la fogata y, en uno de sus diarios, con letra muy pequeña para no desperdiciar papel, le había contado su día a su amigo Caleb. Tendría que entregarle las cartas a Caleb cuando lo volviera a ver; ahí no había buzones.

Cuando terminó, guardó el libro en la bolsa de plástico y se metió a la tienda para acostarse.

Un ruido extraño lo despertó, un ruido fuerte. No eran truenos —nunca hubo truenos o relámpagos— ni el rugir de un tornado semejante a un ferrocarril. Éste empezó muy suave, era el silbido de la lluvia contra la tienda. Se acomodó en la bolsa de dormir. Estaba bien protegido, a prueba de agua; no importaba que lloviera.

Excepto porque siguió cayendo y *siguió* cayendo. Pasó de una lluvia moderada a un aguacero y finalmente se convirtió en un verdadero diluvio. Y con la lluvia llegó el viento. Nada violento, pero fuerte como para romper las ramas y hacer que la lluvia cayera con más fuerza. Pronto, Brian descubrió que la bolsa estaba mojada debido a la lluvia que entraba por debajo de la tienda. Levantó la tela de entrada para ver qué pasaba, pero estaba muy oscuro.

Y llovió más fuerte. Y más fuerte. El viento soplaba más fuerte y más fuerte hasta que pareció que la tienda suspiraba. La tienda le cayó encima y Brian empezó a rodar hasta la orilla.

Todo estaba al revés. No podía encontrar la entrada. Y cuando pensó que la había encontrado, la tienda cayó por el terraplén de cinco pies y Brian rodó hasta la orilla del lago.

Cayó como bulto y sintió un intenso y ardiente dolor en la pierna izquierda, a la altura del muslo, y con la mano tanteó el asta de una flecha que le salía de una pierna.

Maravilloso, pensó. *Acabo de darme un flechazo en la pierna*. Por supuesto que no era así, pero había caído encima de una flecha que se había salido del arco justo cuando la tienda rodó por el terraplén.

Había perdido el sentido de la ubicación, pero sabía dónde tenía el muslo y agarró la flecha y se la sacó de un jalón. Sintió un dolor intenso y pensó que se iba a desmayar. No lo hizo, pero entonces escuchó un extraño *wump-tump* y algo le cayó en la cabeza. Esta vez sí se desmayó.

Recuperó el sentido unos segundos después. Le dolía la cabeza, le dolía la pierna y no tenía la menor idea de lo que le estaba sucediendo. Seguía envuelto en su tienda y tenía la bolsa en la cara, y el arco y las flechas estaban tiradas a su alrededor y parecía que estaba dentro del agua, casi nadando.

PIÉNSALO

Explica lo que le pasa a Brian después de que despierta.

FÍJATE

Brian está en problemas. Lee mientras él piensa en la manera de resolver sus problemas.

Está bien, pensó, una cosa a la vez.

Me lastimé la pierna con una flecha.

Eso es. Bien. Ya saqué la flecha. La pierna todavía responde. No debió haber sido muy ancha porque no perforó demasiado. Bien.

Mi tienda se cayó. Sí. Por si fuera poco, estoy en una tienda que se cayó. Sólo tengo que encontrar el cierre delantero y salirme y subirme al terraplén. Con cuidado, con cuidado.

Algo me pegó en la cabeza. ¿Qué? Algo grande que golpeó. La canoa. El viento levantó la canoa y me golpeó.

Eso es. Me piqué la pierna, rodé hasta el banco y la canoa me golpeó en la cabeza.

Todo es muy sencillo. Todo se puede arreglar.

Buscó por todos lados y por fin encontró el cierre frontal de la tienda, lo abrió y se deslizó hasta el lodo que había a la orilla del lago.

La lluvia seguía cayendo en tandas, el viento seguía silbando y azotándolo con el agua, pero ya se había orientado y no era imposible lidiar con estas cosas.

Arrastró la tienda de regreso al terraplén y la colocó sobre el pasto, cojeando por el dolor en la pierna.

Estaba demasiado oscuro, pero pudo reconocer la forma de la canoa que descansaba boca abajo. Se había desplazado unos 10 pies del lugar en donde la dejó y si no la hubiera amarrado con la cuerda, hubiera volado hasta el otro lado del lago.

Se le había olvidado lo más importante de vivir en la selva, la única cosa que pensó que nunca olvidaría: esperar lo inesperado. Lo que crees que no te va a suceder, te sucede. Espera lo peor y te sentirás feliz si no sucede.

Pero había hecho una cosa bien: había amarrado la canoa a un árbol. Arrastró la tienda hasta la canoa, gateó por debajo y se recostó por el resto de la noche, escuchando la lluvia, con sobresaltos por las punzadas de dolor en la pierna y sintiéndose estúpido.

PIÉNSALO

¿Qué tan grave es la situación de Brian? ¿Por qué no es peor?

FÍJATE

Termina de leer el cuento y averigua cómo Brian recupera el control de la situación. ¿Qué aprende Brian de esta experiencia?

Fue una noche larga. El siguiente día fue de reparación, tanto del equipo como de él mismo.

Fue un amanecer húmedo y apagado y Brian se tardó una hora en encontrar algo de madera y hojas secas para encender una fogata, mientras se culpaba todo el tiempo. ¿Se le había olvidado *todo?* No había establecido un campamento seguro, no había conseguido madera para encender un fuego la mañana siguiente.

Cojeó por el bosque alrededor del campamento hasta que encontró un tronco de abedul muerto con la corteza intacta. La corteza del abedul era casi totalmente impermeable; es lo que los indígenas americanos usaban para construir canoas, y debajo de la corteza arrancó unas astillas de madera seca. Agarró dos pedazos de corteza y astillas y se las llevó al campamento. Después de tres intentos —con un cerillo hubiera bastado, se dijo— se encendió una flama.

Una vez que la corteza se incendió, quemaba como papel mojado con keroseno. Cuando las llamas ya estaban en su punto, añadió pedazos de madera húmedos. Las llamas secaban la madera y entonces empezaba a arder, en una media hora tendría una buena hoguera.

Entonces, se examinó la pierna. Tenía una perforación limpia de no más de media pulgada de profundidad. Sacó un poco de desinfectante de la caja de primeros auxilios y se limpió el agujero, colocó una tirita encima y regresó a trabajar.

El viento había disminuido y de la lluvia ya sólo quedaba una que otra gota. Vio agujeros claros en las nubes. Extendió su equipo para que se secara. Su bolsa de dormir estaba empapada, y la tienda era un cochinero mojado.

Tenía que quedarse en ese lugar, así que volvió a armar la tienda, pero esta vez la clavó al suelo y con una pequeña pala excavó una zanja a su alrededor y un escape para el agua en dirección al lago.

El viento había enredado las mochilas entre las ramas de los árboles, pero aún estaban intactas. Con un poco de esfuerzo, Brian las bajó al suelo.

Nuevamente se puso a secar las flechas y examinó el arco. Luego salió en la canoa y en 15 minutos logró atrapar seis peces azules de buen tamaño.

Limpió los pescados, los puso a hervir con una cucharadita de sal, puso a cocer arroz en otra olla y entonces se dio cuenta de que ya había terminado lo que tenía que hacer.

El sol ya había salido; hasta podía ver que salía algo de vapor de la bolsa de dormir conforme se secaba. Se acostó en el suelo a un lado de la fogata y repasó todo lo que había sucedido. La pierna le latía al mismo ritmo que los pensamientos y una vez más aprendió: Nunca supongas nada, espera lo inesperado, debes estar preparado para todo, todo el tiempo.

Y por último, independientemente de lo que él *creyera* que iba a pasar, la naturaleza haría lo que quisiera. Tenía que ser parte de ello, parte de las cosas como realmente eran, no como él u otra persona creyeran que debían ser.

PIÉNSALO

1. Menciona cuatro cosas que hizo Brian para recuperarse de su desastre.

2. ¿Qué aprendió con esta experiencia?

3. ¿Qué cualidades lo ayudaron a sobrevivir la tormenta?

Jaime Escalante: Math Teacher

JAIME ESCALANTE: MAESTRO DE MATEMÁTICAS
por Nancy Lobb

FÍJATE

Jaime viene de una familia de maestros. Lee y averigua en qué tipo de maestro se convierte.

Jaime Escalante nació en Bolivia en 1930. Sus padres eran maestros. Daban clases en una pequeña aldea indígena.

La vida familiar de Jaime no fue feliz. Su padre bebía demasiado y golpeaba a su esposa. Cuando Escalante tenía nueve años, su madre abandonó a su padre y se mudó con sus cinco hijos a La Paz, Bolivia.

Cuando Jaime cumplió catorce años, su madre lo mandó a una secundaria privada. Jaime era famoso en la escuela por sus bromas. También era un buen peleador. Por lo general, evitaba hacer su tarea. Pero nunca se cansaba de las matemáticas y las ciencias.

Terminó la secundaria y decidió prepararse para ser maestro.

Cuando Jaime cursaba su segundo año de universidad, murió un maestro de física de la secundaria local. Le pidieron a Jaime que ocupara su lugar. Al mismo tiempo, siguió estudiando para terminar su grado de maestro.

En 1954 consiguió trabajo como maestro de física en su antigua escuela secundaria. También daba clases medio tiempo en otras dos escuelas.

Jaime era un maestro difícil. Le daba a sus estudiantes entre cincuenta y cien problemas de tarea. Y un estudiante que violaba las reglas podía recibir hasta doscientos problemas. Jaime los motivaba para que hicieran el máximo esfuerzo. Su lema era: "Lo mediocre es inútil".

Pronto Jaime Escalante ya era conocido como un gran maestro. Sus estudiantes ganaron muchos premios. Pero a los maestros no les pagaban bien. Jaime tenía tres o cuatro trabajos al mismo tiempo. Por eso, decidió mudarse con su familia a Los Ángeles.

Pero allí iba a recibir una desagradable sorpresa. Para dar clases en los Estados Unidos tendría que repetir la universidad. El estado de California no reconocía su grado de maestro de Bolivia. Esto significaba cuatro años de universidad y un año de estudios de posgrado antes de que pudiera dar clases.

PIÉNSALO

Escalante era conocido como un buen maestro. ¿Qué sorpresa se llevó cuando llegó a Los Ángeles?

FÍJATE

Lee y busca pistas que indiquen el tipo de persona que es Jaime Escalante.

Primero tomó clases nocturnas en el Colegio de la Ciudad de Pasadena. Para mantener a su familia consiguió trabajo limpiando pisos en un restaurante. Después de un tiempo, ya era el cocinero principal.

Escalante era un buen estudiante. Pero avanzaba muy lento debido a que sólo asistía a clases medio tiempo. Luego recibió una beca. Ahora ya podía asistir a la escuela tiempo completo. A los cuarenta y tres años recibió su grado de maestro.

Jaime empezó a dar clases en la Escuela Secundaria Garfield. Era la escuela del barrio del este de Los Ángeles. Los estudiantes provenían de familias pobres. La escuela estaba repleta de pandillas. Los muros estaban tapizados de graffiti. El suelo de la escuela estaba cubierto de basura. La mayoría de los estudiantes no acababan la secundaria.

Escalante se puso a trabajar. Los sábados iba a la escuela y limpiaba su salón. Él y algunos de sus estudiantes pintaban. Colgó carteles de los Lakers de L.A.

Y se puso a trabajar con sus alumnos. Los hacía trabajar duro. Decidió que el libro de matemáticas era demasiado fácil. Le pidió otros libros al director. Le dijeron que no había dinero. Después de que amenazó con renunciar, encontraron el dinero.

Jaime veía más allá de la procedencia de sus estudiantes. Vio que muchos de ellos tenían mucha capacidad. Empezó a enseñar cursos de matemáticas más difíciles. Finalmente agregó un curso de cálculo.

El primer año que impartió el curso de cálculo, sólo pasaron cinco estudiantes. Todos los demás se salieron.

PIÉNSALO
¿Qué cualidades crees que tiene Jaime como maestro?

FÍJATE
Lee y averigua cómo los buenos resultados en unos exámenes se convierten en un problema para Jaime y sus estudiantes.

Lo que hizo famoso a Escalante fue lo que sucedió durante el examen avanzado de aptitud en cálculo. Ésta es una prueba nacional que se presenta al final del año escolar. Los estudiantes de todo el país que pasan la prueba reciben un crédito para la universidad por ese curso. El examen es muy difícil. Muy pocos estudiantes del país lo pasan. Pero el primer año que Jaime enseñó cálculo, dos de sus cinco estudiantes lo aprobaron.

Eso era algo bueno. Pero sabía que todavía podía ser mejor. Buscó a los mejores estudiantes en los grados inferiores. Cada año, su clase de cálculo era más grande. Y cada vez, más estudiantes aprobaban el examen avanzado de aptitud en cálculo.

En 1982, dieciocho alumnos de la secundaria Garfield tomaron la prueba de cálculo AP. *Todos* los estudiantes aprobaron. Esto era algo nunca antes visto.

Pero entonces los responsables de corregir las pruebas notaron un problema. Doce de esos estudiantes habían resuelto el problema de la misma forma. Acusaron a los estudiantes de copiarse en los exámenes. Rechazaron las calificaciones.

Jaime y el director se quejaron. También se quejaron algunos de los padres de los estudiantes.

Finalmente, los encargados aceptaron que los estudiantes volvieran a tomar el examen. Así que en agosto, los estudiantes tomaron el examen nuevamente. Pero ya habían pasado meses desde su última prueba. ¿Se acordarían lo suficiente del cálculo como para pasarla?

¡Sí lo recordaron! Nuevamente todos los estudiantes aprobaron. Todos ganaron un crédito universitario para cálculo. No habían hecho trampa. Habían resuelto los problemas de la misma forma porque así les habían enseñado.

La noticia llegó a los periódicos de todo el país. Nadie podía creer que una escuela como Garfield pudiera tener a tantos estudiantes que aprobaran el examen AP. En la mayoría de las escuelas, incluso de las zonas más ricas, sólo uno o dos lo aprobaban cada año. Sin embargo en Garfield, en el barrio del este de Los Ángeles, lo habían aprobado dieciocho.

Y la causa era Jaime Escalante. Él creía en sus estudiantes. Con amabilidad pero con firmeza, insistía en que hicieran todo el trabajo difícil que les encargaba. Los que no se esforzaban lo suficiente podían estar seguros de que sus padres recibirían una llamada. Y trabajo adicional antes de la escuela, después de la escuela y/o durante los fines de semana.

PIÉNSALO

¿Por qué fue tan importante el éxito de los estudiantes?

FÍJATE

Lee y averigua cómo el desempeño de sus estudiantes en las pruebas hace famoso a Jaime Escalante.

El salón de clase de Escalante se convirtió en un aparador. Maestros y directores de escuela pasaban de visita para estudiar sus métodos de enseñanza.

La historia de la vida de Escalante se presentó en la exitosa película *Stand and Deliver.* El actor Edward James Olmos representó el papel de Escalante. La película hizo de Escalante el maestro de matemáticas más famoso de Estados Unidos.

El propio Escalante participó en una serie de PBS llamada *Futures.* La serie muestra la importancia de las matemáticas para triunfar en el trabajo. También hizo un programa de PBS con Bill Cosby llamado *Math ... Who needs it?*

Hoy en día, los nuevos estudiantes de Jaime ya saben a qué atenerse. Una cosa es segura: van a trabajar muy duro pero saldrán adelante. Y siempre se acordarán de la regla de Jaime Escalante:

Determinación + Trabajo duro + Disciplina = El camino al éxito.

PIÉNSALO

1. Fuera del salón de clase, ¿cómo usó Escalante su triunfo para motivar a más estudiantes?

2. Vuelve a leer la regla del éxito de Jaime. ¿Cómo refleja esta regla su estilo de enseñanza? Da detalles para apoyar tu respuesta.

3. ¿Qué sucesos podrían haber hecho enojar a Jaime y haber logrado que se diera por vencido? ¿Cómo resolvió sus problemas?

PATCHES
por Jeannette Sanderson

FÍJATE

Lee y averigua qué problemas le ocasiona el clima a Marvin Scott.

Marvin Scott estaba agotado. Había trabajado hasta tarde en su tienda de muebles. Ahora, lo único que quería era relajarse en su cálido hogar.

Eran casi las diez de la noche cuando el señor Scott llegó a la entrada de su casa. Cuando salía del carro el viento lo cacheteó en la cara. El termómetro oscilaba alrededor de cero. Era una noche de intenso frío, especialmente en las orillas del lago Spanaway de Washington, en donde vivían el señor Scott y su esposa.

El señor Scott agachó la cabeza y se apuró hacia la entrada. Tenía los oídos tapados por el rugir del viento. Pero entonces escuchó otra cosa. Fue un ruido como de algo que golpeaba. Y provenía del muelle. El señor Scott creyó saber de qué se trataba. Suspiró y abrió la puerta de su casa.

Cuando la señora Scott recibió a su esposo en la puerta se dio cuenta de que no estaba contento.

—¿Sucede algo? —le preguntó.

—Me temo que hay hielo en el lago —le contestó él—. Con este viento, si se hace más grueso perforará un agujero a través del bote de patrullaje.

El señor Scott sabía qué tenía que hacer con ese hielo. Fue a su armario por su abrigo más grueso.

—¿No puede esperar hasta mañana? —le preguntó la señora.

—No lo creo.

El hombre, cansado, estaba a punto de salir cuando Patches, su perro, salió corriendo hacia la puerta. También quería ir. Al señor Scott le dio mucho gusto tener compañía en una noche tan helada.

PIÉNSALO

¿Por qué va el señor Scott al lago?

FÍJATE

Averigua qué sucede cuando Scott trata de liberar su bote del hielo.

Patches acompañó a su amo por la congelada inclinación de 300 pies que llevaba al muelle. Su amo se dio ánimo frente al frío, pero parecía que a Patches no le causaba ninguna molestia. El perro blanco y negro era mitad pastor escocés y mitad malamut de Alaska. Sus ancestros eran perros que jalaban trineos en Alaska.

Cuando el señor Scott llegó al muelle notó que una película de hielo se había formado alrededor del bote. Era demasiado oscuro para que él se diera cuenta de que la espuma del lago se había congelado sobre el muelle. Bajo sus pies había una fina capa de hielo.

El señor Scott recogió un pedazo de madera y empezó a empujar la popa del bote. El hielo era más grueso de lo que pensaba. Empujó con más fuerza. Y cuando lo hizo, le resbalaron los pies. Se cayó y se resbaló del congelado desembarcadero. Con un fuerte ruido se golpeó contra un muelle flotante y se desgarró casi todos los músculos y los tendones de ambas piernas. Entonces, el ímpetu de la caída lo llevó hasta el agua congelada de 15 pies de profundidad. Dado que sus piernas no podían mantenerlo a flote y su voluminoso abrigo era como si tuviera una pesa encima, el señor Scott comenzó a hundirse.

PIÉNSALO

¿A qué problema se enfrenta el señor Scott? Anota tres detalles que indiquen esto.

FÍJATE

Scott está herido de gravedad. ¿Cómo lo puede ayudar Patches?

El hombre, herido de gravedad, se hundía cada vez más y no tenía esperanza de sobrevivir. Entonces, inesperadamente, sintió un jalón en la cabeza. Algo lo había agarrado del cabello. Era Patches. El perro había visto a su amo que desaparecía entre las heladas y negras aguas, y rápidamente se zambulló tras él.

Patches pesaba unas 85 libras. El señor Scott pesaba cerca de 200 libras. Pero el perro, aferrado a un mechón de cabello de su amo, jaló con todas sus fuerzas. Finalmente, Patches y su amo herido subieron a la superficie. Ahora el perro tenía que jalar al hombre aturdido y temblando hasta el muelle que estaba a unos 20 pies de distancia.

El viento azotaba el agua a su alrededor. El agua le entraba a Patches por la nariz y por la boca mientras se esforzaba por llegar a un lugar seguro. Patches sentía frío y se estaba ahogando. Pero era la única esperanza de su amo. Así que empujó hasta que llegaron al muelle y el señor Scott pudo agarrarse de la orilla.

Ahora Patches estaba en problemas. El valiente perro no podía salir solo del agua y estaba tan agotado de su labor de rescate que no podría mantenerse a flote más tiempo en esa agitada agua. Sí no se salía pronto, se ahogaría.

El señor Scott estaba tan malherido que sólo se daba cuenta a medias de lo que sucedía. Pero intuyó que Patches estaba en problemas. Y, de alguna manera, logró juntar la fuerza suficiente como para empujar a su salvador sobre el muelle.

PIÉNSALO

¿Qué problemas enfrenta Patches mientras intenta rescatar a Scott?

FÍJATE

Lee y averigua por qué Patches y Scott siguen en problemas.

Luego, el señor Scott trató de subirse al muelle. Sólo podía usar los brazos ya que tenía las piernas totalmente inutilizadas. Jaló y jaló, pero su cuerpo había soportado demasiado. Se desmayó debido a sus graves heridas, al frío y el agua helada que había tragado. Soltó la mano del muelle y se resbaló nuevamente al agua y otra vez se comenzó a hundir.

Patches inmediatamente brincó tras él. Otra vez el perro agarró el cabello de su amo. Luego, jaló al señor Scott hasta la superficie y lo remolcó hasta unos cuatro pies del muelle.

El señor Scott agarró la madera helada y trató de recuperar sus sentidos lo suficiente como para decidir qué hacer después. Patches nadaba en círculos a su alrededor, luchando contra el viento y el frío que empezaban a vencerlo. Otra vez, el señor Scott vio que el perro estaba en problemas. Con lo último que le quedaba de fuerza, empujó a Patches sobre el muelle.

Luego, el señor Scott empezó a pedir auxilio. Pero no tenía sentido. Sus gritos apenas se podían escuchar por encima del ruido del agua picada. Y el viento los apagaba.

Patches, tembloroso, caminaba por el muelle. Se detenía a lamerle las manos heladas al señor Scott. Gemía y lloriqueaba, pero nadie venía en su ayuda. Y, como el señor Scott no se podía ayudar, todo dependía de Patches.

PIÉNSALO

¿A qué problemas se siguen enfrentado Patches y el señor Scott?

FÍJATE

¿Lograrán sobrevivir? Lee y averigua lo que hace Patches.

El perro plantó firmemente sus cuatro patas sobre los tablones del muelle. Agarró el collar del abrigo del señor Scott con sus dientes. Después jaló con todas sus fuerzas. Cuando el señor Scott se dio cuenta de lo que Patches estaba haciendo, empezó a sentir algo de esperanza. Este sentimiento le permitió reunir cada onza de energía que le restaba en el cuerpo. Él empujaba mientras Patches jalaba. Con la ayuda del señor Scott, Patches finalmente pudo jalarlo sobre el muelle.

Una vez ahí, Patches seguía aferrado al cuello del abrigo del señor Scott. Esperó hasta que el jadeante hombre recuperara su respiración. Entonces, el perro y su amo —ambos empapados y temblorosos— iniciaron su ascenso de 300 pies por la colina. El señor Scott se arrastraba mientras Patches jalaba.

La subida fue una tortura. Tanto el señor Scott como Patches se estaban congelando y estaban exhaustos a punto de desmayarse. A Patches los músculos se le empezaban a acalambrar.

Y el agonizante dolor se le hizo más insoportable al señor Scott por la congelada y rocosa inclinación.

Finalmente, los dos estuvieron a corta distancia de la puerta trasera de la casa. El señor Scott levantó una piedra y la arrojó contra la puerta. La señora Scott apareció en la puerta unos momentos después. Cuando vio de quién se trataba salió corriendo.

Urgentemente, el señor Scott fue trasladado al Hospital General de Tacoma. Estuvo cerca de la muerte durante 25 críticos días. La pulmonía era una amenaza constante. Y las masivas operaciones que requería para que le arreglaran las piernas seriamente lastimadas, presentaban muchos peligros.

Pero los esfuerzos de Patches no fueron en vano. La recuperación del señor Scott fue lenta, pero finalmente lo logró. Seis meses después del accidente volvió a caminar, con ayuda de bastones.

Después del sorprendente rescate, Ken-L Ration nombró a Patches el perro héroe del año 1965.

PIÉNSALO

1. ¿Cómo lograron salvarse Patches y el señor Scott?

2. ¿Cómo ayudó la amistad entre Patches y Scott a que se rescataran entre ellos?

3. ¿Corresponde Patches a *tu* definición de héroe? ¿Crees que merecía el reconocimiento?

EL JEFE JOSEPH DE LOS NEZ PERCE
por Matthew G. Grant

FÍJATE

Lee y averigua qué sucede cuando los nez perce se encuentran con los exploradores y colonizadores blancos.

La tribu nez perce

Más allá de las Montañas Rocosas, en tierras que ahora forman parte de Oregón, Idaho y Washington, vivía una poderosa tribu indígena. Su gente se llamaba nimipau. Pero los exploradores blancos que los encontraron les pusieron el nombre de indígenas nez perce.

La tribu vivía a lo largo de los grandes ríos de ese territorio. Pescaban salmón. Las mujeres excavaban raíces y con ellas hacían buenos alimentos. De vez en cuando los hombres se iban al este, del otro lado de las montañas, a cazar bisontes.

El pueblo nez perce tenía unos hermosos caballos manchados que ahora conocemos como appaloosas. La tribu era orgullosa y próspera. Cuando los hombres blancos llegaron a sus tierras, los indígenas los trataron bien. Los blancos tenían poder y los nez perce los admiraban.

Sus jefes querían que su gente fuera tan lista y rica como los comerciantes blancos. Pidieron maestros blancos y así fue como llegaron los misioneros y sus familias a donde vivían los nez perce.

Muchos indígenas se convirtieron en cristianos. Pensaban que si hacían esto obtendrían algo del poder del hombre blanco. Uno de los jefes cristianos más importantes fue el viejo Joseph, que vivía en el valle de Wallowa. Cerca de 1840, nació un hijo suyo.

Los misioneros llamaron al niño "joven Joseph". Cuando cumplió cinco o seis años de edad asistió a la escuela de la misión.

En 1847 los misioneros tuvieron problemas. Una enfermedad mortal se propagó entre la tribu cayuse, vecinos de los nez perce. Los cayuse le echaron la culpa a los blancos y mataron a unos 12 de ellos. El ejército de los Estados Unidos fue enviado a castigar a los cayuse.

El viejo Joseph vio cómo huían los misioneros. Pensó: "Quizá la religión de los blancos no es tan fuerte después de todo".

Pasaron varios años. El jefe y su familia ya no eran cristianos. Habían regresado a la antigua religión de su pueblo. Le llamaban madre a la Tierra y amaban la tierra. Cuando el joven Joseph cumplió diez años se fue él solo a rezarle al Gran Espíritu, el Hacedor de Todo, como lo hacían todos los jóvenes de su tribu. Mientras rezaba, tuvo una visión. Escuchó que una voz le daba un nombre: Trueno-que-Retumba-en-las-Montañas. Era un nombre de gran poder.

PIÉNSALO

¿Cómo cambian los sentimientos del viejo Joseph y de su hijo hacia los blancos? Busca uno o dos detalles en el texto que expliquen por qué.

FÍJATE

¿Qué sucedió cuando llegaron más blancos al valle?

Promesas rotas

El hijo del jefe creció. Se convirtió en cazador y guerrero. Pero mejor que esto, era sabio y honorable. Se preocupó, igual que lo hacía su padre, cuando empezaron a llegar más y más personas blancas a las tierras de los indígenas. Los problemas se avecinaban.

En 1855, el gobierno de los Estados Unidos hizo un tratado con los nez perce. La tribu prometió que sólo viviría en una reservación en el valle Wallowa. Por su parte, el gobierno les daría dinero, comida y abastecimiento. Aunque el gobierno no cumplió sus promesas, los nez perce sí cumplieron la suya. Se mantuvieron en paz con los blancos por más de 15 años.

Pero ahora los mineros de oro y los colonizadores invadieron la reservación. Y el viejo Joseph, el jefe, se estaba muriendo.

El anciano llamó a su hijo y le dijo:

—Hijo mío, ahora tú serás el jefe de este pueblo. Esperan que tú los guíes. Debes taparte los oídos cuando los hombres blancos te pidan que firmes un tratado y vendas tu hogar. En unos cuantos años, los hombres blancos estarán a tu alrededor. Tienen los ojos puestos en estas tierras. ¡Pero nunca olvides mis últimas palabras! Esta tierra contiene el cuerpo de tu padre. Nunca vendas los huesos de tu padre y de tu madre.

PIÉNSALO

¿Por qué el viejo Joseph está preocupado por lo que le sucederá a la tierra de los nez perce? Da ejemplos del texto para sustentar tu respuesta.

FÍJATE

Lee y averigua qué problemas enfrenta el joven Joseph cuando se convierte en jefe.

El joven Jefe

En 1871, Trueno-que-Retumba-en-las-Montañas se convirtió en jefe de su pueblo. Los líderes blancos lo llamaban jefe Joseph y ése es el nombre con el que pasó a la historia. Desde un principio decidió cumplir con la promesa que le había hecho a su padre.

Muchos rancheros blancos llegaron a vivir a la Reservación del Valle de Wallowa. El gobierno intentó firmar otro tratado con la tribu. Le dijeron al pueblo del jefe Joseph que se mudara al norte, a otra reservación.

Pero se negaron. El jefe recordó que habían roto las viejas promesas. ¿Por qué había de creer en otras nuevas?

—*Tienen* que mudarse —les dijeron los agentes del gobierno.

Joseph les contestó: —Esta tierra es nuestra madre. No la abandonaremos.

Finalmente, en mayo de 1877, el ejército de los Estados Unidos fue enviado al valle para obligar a los nez perce a que se trasladaran a la nueva reservación.

El jefe Joseph notó que muchos guerreros estaban listos para luchar. Trató de evitar un baño de sangre pidiéndole a su gente que empacara y se retirara. Tristes y enojados, abandonaron su hogar para siempre.

Cargados con niños, ancianos, ganado, caballos y bienes, sólo podían viajar muy lentamente. En el cañón Rocky se encontraron a la banda del jefe Pájaro Blanco y decidieron acampar.

Los hombres jóvenes, inquietos y enojados, pedían sangre blanca. Joseph no pudo evitar que salieran a caballo. Los jóvenes guerreros asesinaron a cuatro hombres blancos y regresaron para decir:

"Ahora tendrán que pelear con nosotros. Pronto llegarán los soldados. ¡Prepárense para la guerra! ¡Prepárense para la guerra!"

Durante muchos años Joseph había procurado la paz. Pero ahora su pueblo, furioso, se levantó en armas. Los demás jefes también querían la guerra. A Joseph, su líder, no le quedó más remedio que seguirlos.

Bandas de guerreros atacaron las colonias de los blancos. Tropas del ejército enviadas tras los nez perce cayeron en una emboscada en el cañón Pájaro Blanco. Las fuerzas de la armada fueron vencidas por hombres rojos. Fue la peor derrota desde la batalla de Little Big Horn el año anterior.

Los indígenas, felices, celebraron su victoria. Pero Joseph sabía que en adelante sólo les podía esperar un futuro negro. Llegarían más soldados. ¿Qué sucedería entonces con su gente?

Ahora el jefe Joseph volvió a tomar el liderazgo. Demostró que era militarmente tan capaz como el general O. O. Howard, a quien enviaron a capturarlo. Howard contaba con unos 600 soldados. Joseph tendría cerca de 200 guerreros y unas 400 mujeres, niños y ancianos. Debió haber sido fácil para el ejército blanco subyugar a la banda de refugiados.

Pero parecía que el jefe Joseph vencía al general blanco en cada movida. Los indígenas ganaron pelea tras pelea.

PIÉNSALO

¿Cuál es la causa de que el jefe Joseph se enfrente al ejército? ¿Cuáles son los efectos de ese enfrentamiento?

FÍJATE

Lee y averigua cómo decide el jefe Joseph salvar a su pueblo.

La larga retirada

El jefe Joseph planeaba llevar a su pueblo hasta Canadá, como lo había hecho Toro Sentado después de la batalla de Little Big Horn. Pero la frontera estaba a más de 1,000 millas de distancia. Muchas personas estaban enfermas o heridas. Sin embargo, comenzaron su camino hacia el norte.

Una y otra vez, el ejército de los blancos trató de atrapar a los nez perce. Pero los guerreros luchaban contra las tropas y ganaban, mientras la gente escapaba. En todos los Estados Unidos, la gente leía acerca de la guerra y se maravillaban de la destreza de los hombres rojos, encabezados por el jefe Joseph. Él los llevó por altas montañas, a través de lugares solitarios y sin caminos.

Viajaron durante cuatro meses hasta que llegó el invierno. Entonces, a 30 millas de la frontera con Canadá, el jefe Joseph y su pueblo fueron rodeados. Era el final.

Solo, el jefe Joseph cabalgó hacia el general Howard y el general Nelson A. Miles. Con dignidad, les entregó su rifle. Luego les dijo:

"Dígan al general Howard que conozco su corazón. …Estoy cansado de pelear. Nuestros jefes han caído muertos. Hace frío y no tenemos cobijas. Los niños pequeños se están congelando. No tenemos comida. Escúchenme, jefes. Estoy cansado. Mi corazón está enfermo y triste. A partir de donde se encuentra ahora el sol, ya nunca jamás volveré a pelear."

Los hombres blancos le habían prometido al jefe Joseph que su pueblo sería enviado de regreso a sus propias tierras. Pero nuevamente rompieron su promesa. Los nez perce fueron enviados a Kansas y luego a territorio indígena (ahora Oklahoma). Muchos murieron allí.

Finalmente, en 1885 Joseph y su banda fueron a la reservación del estado de Washington. El jefe pasó el resto de su vida tratando de conseguir que el gobierno cumpliera sus promesas. Murió el 21 de septiembre de 1904 y seguía esperando.

PIÉNSALO

1. ¿Cuáles eran las razones del jefe Joseph para desear que la guerra terminara?

2. ¿Qué le prometió el gobierno a los nez perce antes y después de la larga retirada? ¿Cuántas promesas cumplió el gobierno?

3. ¿Qué cualidades debe poseer un buen líder? ¿Cuántas de estas cualidades crees que poseía el jefe Joseph? Da ejemplos del texto.

Lectura relacionada con **El jefe Joseph de los nez perce**

EL ESPÍRITU DEL CABALLO

En la actualidad los nez perce de Idaho y el gobierno de los Estados Unidos están trabajando juntos. El gobierno está ayudando a los nez perce a criar una nueva clase de caballo. Los nez perce están cruzando los appaloosas con una especie rara, un caballo de Asia central. La nueva raza se llamará el "caballo nez perce".

Este programa también se concentra en que los niños de los nez perce conozcan su orgullosa historia. Los nez perce han iniciado dos grupos de trabajo: El proyecto del Joven Jinete y los Estudiantes a Caballo. Estos grupos ayudan a jóvenes de entre 14 y 21 años. A cada niño se le entrega uno de los nuevos caballos. Los jóvenes aprenden a cuidar al animal y por lo tanto a cuidarse a sí mismos. Como dice Rosa Yearout, una miembro del proyecto: "El exterior de un caballo ayuda al interior de un niño".

Los nez perce esperan que muchas personas compren los nuevos caballos. Esto tendría como resultado un nuevo negocio y un motivo de orgullo para el pueblo. El espíritu del caballo está ayudando a los nez perce a construir un futuro.

de **ARQUEOLOGÍA**
por Dennis B. Fradin

FÍJATE

Lee y averigua qué es la arqueología y qué hacen los arqueólogos.

¿Qué es la arqueología?

¿Has visto una momia egipcia en un museo? ¿O estatuas desenterradas de ciudades de la antigüedad? Si las has visto, entonces la arqueología es algo que conoces.

La arqueología es una ciencia. Es el estudio de objetos muy antiguos como edificios, huesos y herramientas.

A los científicos que encuentran y estudian los objetos antiguos se les conoce como arqueólogos. Ellos buscan objetos que tienen cientos o miles de años de antigüedad y los estudian para saber cómo vivían las personas en esa época.

PIÉNSALO

¿Cuál es tu definición de la *arqueología*? ¿Cuál es el trabajo de un arqueólogo?

FÍJATE

Lee y averigua cómo empezó la arqueología.

Una breve historia de la arqueología

Hasta el siglo dieciocho las personas mostraban poco interés por el estudio de las cosas del pasado. Cuando encontraban objetos antiguos (llamados objetos arqueológicos), sólo se quedaban con los que eran de oro. ¡Los menos valiosos casi siempre se tiraban a la basura!

En 1748 un granjero que excavaba un terreno en Italia golpeó un muro subterráneo. Un equipo de excavación desenterró una ciudad antigua. Se trataba de Pompeya, que había sido destruida unos 1,700 años antes debido a la erupción de un volcán. La excavación (desenterrar) de Pompeya fue una de las primeras que se hizo de una manera organizada.

Pero los arqueólogos del siglo dieciocho seguían buscando principalmente tesoros. Y en su búsqueda dejaban a un lado muchos otros objetos arqueológicos.

Sir Flinders Petrie (1853-1942) fue uno de los primeros arqueólogos que empezó a estudiar todo lo que encontraba. Petrie trabajó en Egipto a finales del siglo diecinueve. Cuando Petrie excavaba, buscaba en la tierra "pulgada por pulgada" como él decía. Petrie halló cerámica, herramientas y otras piezas utilizadas por los egipcios en su vida diaria. Debido a que trabajaba con tanto cuidado, a Petrie se le conoce como el "Padre de la Arqueología Moderna".

Los arqueólogos de la actualidad también usan el método de "pulgada por pulgada". Llevan un registro detallado de todo lo que encuentran. Saben que hasta el objeto más pequeño puede ayudarnos a saber cómo vivían los pueblos antiguos.

¿Cuál es la diferencia entre la forma de trabajar de Petrie y la de los arqueólogos anteriores a él?

Lee y averigua cómo deciden los arqueólogos en dónde buscar objetos arqueológicos.

Saber dónde buscar

El mundo es un lugar muy grande. ¿Cómo saben los arqueólogos en dónde deben buscar reliquias antiguas? No es que adivinen. Al igual que los detectives, buscan pistas.

Los libros antiguos suelen proporcionar buenas pistas. La Biblia, las obras de Homero y otros manuscritos viejos describen ciudades antiguas. Algunas de estas ciudades todavía están ahí, enterradas bajo capas de polvo. Los arqueólogos estudian los libros para determinar la ubicación de sitios antiguos.

Con frecuencia, las personas cuentan sobre sucesos pasados. Por ejemplo, si algunas personas hablan sobre el naufragio de un barco, los arqueólogos escuchan estos relatos en busca de pistas que indiquen la ubicación del barco.

Los arqueólogos también usan fotografías tomadas desde aviones. Las fotos muestran cosas que no se pueden ver a nivel del suelo.

Una fotografía aérea puede mostrar un terreno que es más fértil que otro cercano. Esto puede deberse a que personas de otros tiempos trabajaron la tierra en ese mismo lugar.

Las cámaras también se utilizan para buscar naufragios submarinos.

Los arqueólogos cuentan con muchas otras herramientas que los ayudan a decidir en dónde deben trabajar. Por ejemplo, imanes, detectores de metal, estudios de la tierra y pruebas electrónicas del suelo.

Describe tres formas en las que los arqueólogos encuentran sitios en los cuales pueden buscar objetos aqueológicos.

¿Cómo encuentran los objetos los arqueólogos y cómo saben su antigüedad?

Excavaciones

Para excavar un sitio, a veces se necesita más tiempo que la vida de una persona. Los arqueólogos han excavado en Pompeya desde 1748. Todavía queda mucho por hacer. Como las excavaciones requieren mucho tiempo, a los arqueólogos no les gusta desperdiciar tiempo.

Cuando encuentran un sitio con posibilidades, excavan pozos de prueba, es decir, agujeros que indican la profundidad del sitio. También excavan trincheras de prueba. Éstas indican la longitud y el ancho de un sitio. Una vez que conocen las medidas, los arqueólogos contratan un equipo y empiezan la excavación.

Cuando el equipo encuentra algún objeto arqueológico se toman fotografías. Luego, un arqueólogo retira el objeto de la tierra con mucho cuidado usando un cuchillo pequeño o un cepillo.

¿De cuándo es?

Cuando los arqueólogos localizan un objeto, tienen muchas preguntas. La principal es: ¿De cuándo es? Conocer la edad de los objetos permite crear una gráfica del desarrollo de una civilización.

El arqueólogo Christian Thomsen (1788-1865) elaboró el Sistema de las tres edades. Las tres edades son la Edad de Piedra, la Edad de Bronce y la Edad de Hierro.

En la Edad de Piedra las personas usaban herramientas de piedra. Comenzó hace más de un millón de años y terminó hace unos cinco mil años. Durante la Edad de Bronce las personas usaban bronce para hacer sus herramientas. La Edad de Bronce abarcó desde hace cinco mil años hasta hace unos tres mil años. La Edad de Hierro empezó hace unos tres mil años. Todavía estamos en la Edad de Hierro.

Saber de qué está hecho el objeto arqueológico permite que los científicos establezcan su edad aproximada. Pero también hay otras maneras de determinar la antigüedad con más exactitud.

Un método importante es el conocido como Carbono 14. Cuando los seres vivos mueren, producen una sustancia llamada Carbono 14. Entre más tiempo lleve un objeto muerto, menos Carbono 14 tiene. Los científicos pueden determinar la edad de un pedazo de madera, u otro objeto que alguna vez estuvo vivo, midiendo la cantidad de Carbono 14.

Este procedimiento sólo funciona con objetos que vivieron en los pasados cuarenta mil años pero existen otros métodos para fechar objetos más antiguos.

PIÉNSALO
¿Cómo los arqueólogos determinan la edad de un objeto? ¿Por qué es importante la edad?

FÍJATE
Lee y aprende sobre las tres tareas de un arqueólogo.

Todo tipo de arqueólogos

Existen otros tipos de arqueólogos además de los que excavan en busca de objetos. Algunos traducen escrituras antiguas. Otros trabajan en museos. Los arqueólogos del gobierno se aseguran de que los sitios antiguos no sean destruidos.

Muchos arqueólogos dan clases. Un buen maestro puede adiestrar a cientos de futuros arqueólogos.

Todavía queda mucho por descubrir en la arqueología. Aún hay barcos que descansan bajo el agua y ciudades perdidas enterradas bajo tierra. Muchas estatuas, cuevas y momias esperan ser descubiertas. Muchas tablas de escritura esperan ser traducidas.

A lo mejor te conviertes en arqueólogo. Así podrías ayudar a la especie humana a conocer su pasado.

PIÉNSALO

1. Además de excavar en busca de objetos arqueológicos, ¿qué otro tipo de trabajo hacen los arqueólogos?

2. ¿Cómo nos ayuda el estudio de objetos arqueológicos a aprender historia? Da ejemplos para apoyar tu respuesta.

3. En base a tu lectura, ¿qué destrezas debe tener un arqueólogo para hacer bien su trabajo? ¿Qué detalles te hacen pensar esto?

The Sacred Well

EL POZO SAGRADO
por Judy Donnelly

FÍJATE
¿Qué es el Pozo Sagrado y por qué Edward Thompson quiere explorar este sitio?

En la profundidad de las selvas de México se erige una antigua ciudad. Se llama Chichén Itzá. Fue construida hace más de mil años por los mayas. El Imperio de los Mayas se extendió por parte de México y Centroamérica. Los mayas construyeron muchas ciudades hermosas, pero las abandonaron. Nadie sabe por qué.

En 1904 un hombre llamado Edward Thompson caminaba por la ciudad abandonada de Chichén Itzá. Había ido a aprender sobre el pueblo maya.

Thompson siguió un sendero que lo condujo a una misteriosa alberca de agua. Se llamaba el Pozo Sagrado. Era tan grande como un lago pequeño; tenía casi 200 pies de ancho. Su agua era rara, oscura y quieta. Era muy, muy profundo.

Los indígenas que vivían en la selva le tenían miedo al pozo. Decían que en sus profundidades vivían serpientes y monstruos gigantes. Decían que a veces el agua se convertía en sangre. De hecho, Edward se dio cuenta de que el agua con frecuencia se tornaba de un color rojizo oscuro.

En una ocasión Edward había leído una vieja leyenda. Contaba que los mayas creían que un rey de la lluvia vivía en el fondo del pozo. A veces no caía lluvia. A veces las cosechas no crecían. Los mayas creían que se debía a que el rey de la lluvia estaba enojado. Así que, lentamente se dirigían al pozo. Arrojaban ricos tesoros y bellas jóvenes a las oscuras aguas. Los mayas esperaban complacer al dios de la lluvia.

Edward no podía olvidar esa leyenda. Quería explorar el misterioso pozo.

PIÉNSALO
¿Por qué le parece tan misterioso el Pozo Sagrado?

FÍJATE
Lee y averigua qué utiliza Edward para conocer algunos de los secretos del pozo.

Tanto su familia como sus amigos pensaban que estaba loco. Trataron de hacerlo cambiar de opinión. Pero él siguió adelante. Tomó clases de buceo en agua profunda. Luego compró una máquina llamada draga. La máquina tenía una cubeta que colgaba de una larga cuerda de acero. Edward podía bajar la cubeta al pozo, recoger lo que estaba en el fondo y subirlo a la superficie.

Pero, ¿en dónde debía excavar? El pozo era tan grande. Entonces recordó la leyenda de los tesoros y las jóvenes arrojadas al pozo. Buscó leños del tamaño y forma de un ser humano. Uno a uno los arrojó al agua. Casi todos caían en el mismo lugar. Seguramente ahí era donde caían las jóvenes. Ése era el lugar para bajar la droga.

Día tras día Edward y sus ayudantes indígenas trabajaban en el pozo. Pero sólo sacaban palos y lodo.

Pasaron las semanas. Un día igual que los demás, la draga sacó palos y lodo. ¡Pero escondido entre el lodo había un tesoro! Y cada día había más. Un recipiente y tazas de oro. Una campana. Collares hermosos. Anillos que alguien había usado hace miles de años.

¡Habían arrojado tesoros al pozo! ¿Pero sería cierto el resto de la leyenda? Pronto supo la respuesta.

La draga encontró esqueletos humanos.

Pero Edward no estaba satisfecho. Otra vez la draga salía vacía. Había llegado hasta el fondo. Decidió bucear en el pozo y explorar los lugares escondidos.

Otra vez, sus amigos trataron de que cambiara de opinión. Le dijeron: "¡Ninguno de los que bajan al pozo sale con vida!".

PIÉNSALO

Cuenta, en tus propias palabras, cómo Edward demuestra que la leyenda del pozo sagrado es cierta.

FÍJATE

¿Sobrevive Edward su exploración y satisface su curiosidad? Lee y averígualo.

Pero Edward no hizo caso. Se puso su traje de buceo. Tenía un casco enorme, una manguera de aire muy larga y zapatos de hierro. Los pesados zapatos lo llevarían hasta el fondo del pozo. Sus ayudantes indígenas bombearían aire para que pudiera respirar. Tenían que hacer su trabajo con mucho cuidado. La vida de Edward dependía de ellos.

Uno por uno, sus ayudantes le estrecharon la mano. Sus rostros estaban tristes. Pensaban que nunca lo volverían a ver.

Cuando Edward saltó al pozo, se hundió más y más. Sintió dolor en los oídos. El agua estaba tan oscura que no podía ver nada.

Por fin, sus zapatos de hierro tocaron fondo. Sintió una extraña emoción. Tantas personas habían muerto en este lugar. ¡Pero *él* iba a salir con vida!

Prendió su linterna. No sirvió de mucho. El agua era espesa como una sopa de lodo grueso. Se movió sin ver por dónde iba. Pero pronto se acostumbró a la oscuridad. Bajó más y más dentro del pozo. En la parte más profunda encontró los esqueletos de tres mujeres. Parecía que estaban pidiendo ayuda. Una todavía traía puesto un collar.

Edward encontró muchos esqueletos en el pozo. De hombres, de mujeres y niños. Es probable que algunos hayan sido esclavos. Otros podrían haber sido prisioneros de los mayas. Edward estaba seguro de que habían muerto porque los mayas querían complacer al dios de la lluvia.

Edward también encontró otros tesoros: armas y joyas, grabados extraños y hasta trozos de tela. Esperaba que estas cosas pudieran ayudar a los científicos a aprender más acerca de los antiguos mayas.

Edward continuó su trabajo en el pozo. Por fin se fue a los Estados Unidos. Era un héroe. Había arriesgado su vida. Y había resuelto un misterio: el misterio del pozo sagrado.

1. ¿Qué otras cosas encuentra Edward que muestran para qué usaban el Pozo Sagrado?

2. ¿Qué medidas toma Edward para resolver el misterio del pozo?

3. ¿Por qué crees que arriesga su vida tantas veces para explorar este sitio?

Lectura relacionada con **El Pozo Sagrado**

EL PODER DEL POZO SAGRADO

En la década de los sesentas, un equipo de científicos exploró nuevamente el Pozo Sagrado. Contaban con un equipo mejor que la sencilla draga de Edward Thompson. Descubrieron que los antiguos mayas siguieron usando el pozo mucho después de que abandonaron Chichén Itzá.

El equipo recuperó cientos de campanas religiosas, jarrones, ornamentos de oro y otras piezas. También encontraron más esqueletos de hombres, mujeres y niños. Es probable que los antiguos mayas creyeran que el Pozo Sagrado era el verdadero hogar del poderoso dios de la lluvia. Los mayas dejaron de usar este pozo en el siglo 16. Ésta fue la época en la que los españoles conquistaron México y Centroamérica.

de **CASTILLOS**

por Jenny Vaughan

FÍJATE

Lee y averigua por qué se construyeron los castillos.

¿Qué es un castillo?

Un castillo era un hogar que también servía como fortaleza. Los reyes y los nobles construyeron castillos hace miles de años.

Cada vez que un rey conquistaba una nueva tierra, tenía que evitar que sus enemigos la recuperaran. Así que les regalaba partes de esa tierra a sus nobles. Ellos, a cambio, se encargaban de mantener la zona segura para el rey.

Cada noble contaba con caballeros que lo ayudaban. Él tenía que proteger a sus caballeros y sus caballos de un ataque. Para hacer esto, el noble construía un castillo.

Como la tierra estaba repleta de enemigos, el noble tenía que construir su castillo muy rápido. Así que lo construía con madera porque era fácil de conseguir y era barata, además de que con madera se construía rápido.

Castillos de piedra

La madera no es el mejor material para construir porque se pudre. Un castillo de madera también se podía quemar fácilmente. Cuando había piedra disponible, se usaba piedra en lugar de madera. En otros lugares, la madera se reforzaba con piedra.

Alrededor del patio se construía un muro de piedra o cortina. Al igual que una empalizada, este muro contaba con un pasillo interior con troneras.

El muro tenía almenas, es decir, agujeros a cierta distancia, en la parte superior. Los guardias que estaban parados en el pasadizo podían ver a través de ellos. Las piedras entre los agujeros se llamaban *merlones* y con frecuencia tenían unas troneras por medio de las que podían disparar flechas.

Dentro de la cortina había una fuerte torre de piedra conocida como *torre del homenaje.* Era tan pesada que por lo general se construía sobre el suelo en lugar de sobre un montículo. Las torres del homenaje solían ser muy altas y algunas llegaban a tener muros de 20 pies (6 metros) de espesor.

PIÉNSALO

¿Por qué las personas construían castillos? ¿Por qué un castillo de piedra es una mejora si se compara con uno de madera?

FÍJATE

Lee y averigua la importancia de una torre de homenaje.

En el interior de un castillo

La torre de homenaje era el lugar más seguro del castillo. Y también era la casa del noble y su familia.

En la torre de homenaje había cuatro pisos. Una escalera llevaba a la entrada, bien custodiada, de los pisos intermedios. A veces en este lugar había un enorme salón en el que el señor recibía sus visitas y ofrecía banquetes. La mayoría de las personas que lo visitaban le trabajaban la tierra. Era él quien arreglaba sus problemas y mediaba en sus desacuerdos.

La torre del homenaje también tenía un cuarto llamado *solar.* El solar era la recámara y la sala de la familia, y el lugar en el que acostumbraban comer. El solar era el cuarto más cómodo del castillo y las paredes solían estar enyesadas y decoradas. Pero tenía muchas corrientes de aire porque las ventanas no tenían cristales.

En el torreón también había una capilla, otro cuarto y una oficina...

El rey y sus nobles solían ser dueños de más de un castillo. Las distancias entre los lugares eran muy grandes y el señor pasaba una parte del año en cada uno de ellos. Cuando el señor se ausentaba, un guardia en jefe conocido como *condestable,* estaba a cargo del castillo.

En cada castillo también había un *mayordomo.* Por lo general, se le informaba con anticipación cuándo el señor planeaba visitar el castillo. El mayordomo se aseguraba de que hubiera suficiente comida y de que todas las personas tuvieran un sitio para dormir.

PIÉNSALO

¿En qué se parece una torre de homenaje a una casa moderna? ¿En qué se diferencia?

FÍJATE

Lee y averigua cómo era la vida en el interior de un castillo.

Vida en un castillo

Era importante conservar en buen estado tanto los edificios del castillo como el armamento en caso de un ataque. Era necesario alimentar y vestir al noble, su familia, los curas, los caballeros y los invitados. Por lo tanto, se requerían muchos sirvientes, incluyendo mozos de caballería, cocineros, sastres y lavanderos. Uno de los sirvientes más importantes era el guardián del armario. Estaba encargado de la ropa y demás bienes del señor.

La señora del castillo se aseguraba del buen funcionamiento de la casa. A sus hijas se les enseñaba en casa, pero con frecuencia enviaban a los hijos varones a otros castillos. Ahí aprendían buenos modales, a disparar con arco y flecha, y a pelear con una espada. También aprendían a leer y escribir, y entender el latín.

Entretenimiento en el castillo

No toda la vida en el castillo era trabajo. El señor y su familia también tenían tiempo para distraerse. Jugaban ajedrez, damas y dados, y leían o cantaban.

En ocasiones organizaban torneos en los que grupos de caballeros representaban batallas. Esto era una buena práctica del arte de la guerra, además de que era divertido.

Con frecuencia las personas salían a cazar ciervos o jabalíes con sus sabuesos. Otro deporte favorito era el de la cetrería, en la que se entrenaba a aves de rapiña para atrapar animales pequeños.

Describe cómo es la vida de un noble en un castillo.

Lee y averigua qué sucede cuando un castillo es atacado.

Un castillo bajo ataque

Aunque un castillo podía ser un hogar cómodo, nadie en su interior se olvidaba de que también era una fortaleza y de que algún día podría ser atacado. Todos esperaban que los muros y las puertas fueran lo suficientemente resistentes como para impedir la entrada del enemigo.

En esos tiempos no existían explosivos u armas poderosas. Los atacantes tenían que escalar los muros o tratar de tirarlos. También podían evitar que los abastecimientos llegaran hasta el castillo.

Los soldados usaban escaleras y torres para escalar por los muros y entrar al castillo.

Se podían usar diferentes máquinas para dañar un castillo. Una de ellas era un ariete que consistía de un tronco de árbol muy resistente con una punta de hierro. Tenían varios tipos de catapultas, que podían arrojar pesadas rocas contra los muros o que eran capaces de tirar las esquinas de las torres. También se utilizaban para arrojar proyectiles por encima de los muros, destruyendo los edificios en el interior.

Sitiados

Un ataque o el sitio a un castillo podía durar semanas o meses. Durante todo este tiempo no llegaban al castillo alimentos ni agua fresca. Cuando se acababan las provisiones, la gente del castillo tenía que rendirse. Por lo tanto, las personas que estaban dentro se defendían lo mejor que podían, esperando poder alejar al enemigo o que los rescataran rápidamente.

También construían plataformas de madera llamadas voladizos, que salían de los muros. En el suelo había rejillas que permitían arrojar misiles y disparar flechas hacia abajo, sobre el enemigo.

¿Cómo podía el enemigo conseguir que se rindieran las personas del castillo?

Lee y averigua cómo cambiaron los castillos a finales del siglo trece.

La torre de la caseta de guardias

El diseño de los castillos siguió cambiando. Para finales del siglo trece, algunos eran tan fuertes que era imposible que algún enemigo lograra entrar.

La puerta de entrada solía ser la parte débil de un castillo. Así que tuvieron que mejorar su defensa. Los visitantes tenían que pasar por una puerta exterior fuertemente custodiada conocida como barbacana. Antes de que pudieran cruzar el foso y llegar a la caseta de guardias era necesario bajar el puente levadizo. En la caseta, la entrada estaba bloqueada por una inmensa puerta cubierta de hierro, llamada reja, que corría por unos canales colocados a ambos lados de la pared.

La caseta de guardias era tan resistente como la torre del homenaje en los castillos antiguos. Así que se le conoce como la torre de homenaje de la caseta de guardias. Los soldados podían seguir defendiéndola incluso cuando el resto del castillo había sido tomado. Al igual que una torre de homenaje, esta caseta también era una casa: la casa del condestable. El señor del castillo vivía en un edificio más cómodo al interior del castillo.

El castillo concéntrico

Una torre de vigilancia cuidaba la entrada de un castillo concéntrico. Un castillo concéntrico tenía dos conjuntos de muros, uno dentro del otro.

Un foso ancho rodeaba al castillo. El muro exterior, el más bajo, era reforzado con torres. Las entradas eran custodiadas por barbacanas y casetas de guardias. Si los soldados enemigos lograban traspasar este muro y llegaban a la liza exterior, se encontraban rodeados por arqueros. Esto se debía a que dentro de la liza exterior había un muro más fuerte y alto que contenía torres enormes de casetas y torres de vigilancia.

Era muy difícil que un ejército enemigo pudiera entrar y capturar un castillo concéntrico. Pero todavía podían obligar a las personas que vivían en el interior a entregarse por falta de alimentos. También, muchos de los que defendían el castillo lo hacían porque se les pagaba, así que si el enemigo les pagaba más lo dejaban entrar.

PIÉNSALO

¿Cuáles son las ventajas de vivir en un castillo concéntrico? ¿Cómo puede ser capturado?

FÍJATE

Lee y averigua cómo se construían los castillos y cómo cambiaron.

Construir un castillo

Tomaba más de diez años construir los enormes castillos de piedra y en especial los concéntricos. Se empleaban hasta 3,000 trabajadores al mismo tiempo.

Primero se elegía el sitio y se diseñaban los planos. Si en la zona no había piedra apropiada entonces había que llevarla y con frecuencia se trataba de millas de distancia. El maestro de obras contrataba y supervisaba a carpinteros, albañiles y otros artesanos. En ocasiones, ellos también tenían que viajar grandes distancias y era necesario que una guardia los acompañara en el camino.

El castillo se convierte en un hogar

Con el tiempo, las cosas cambiaron. Los reyes y señores dueños de los castillos ya no peleaban entre ellos. Había menos rebeliones y las personas de los alrededores no representaban un peligro para los dueños de los castillos. Ahora, las guerras las peleaban soldados que formaban parte del ejército del rey y no caballeros o seguidores de los nobles del rey.

Por todas estas razones, los castillos dejaron de ser fortalezas. Se podían hacer más cómodos quitándoles algunas de las defensas y colocándoles ventanas más anchas y con vidrios para que pudiera entrar la luz. Otras veces sus dueños se mudaban a casas de campo también de gran tamaño.

También la forma de vida de las personas comenzó a cambiar. Antes, la mayor parte del tiempo la dedicaban a prepararse para las batallas. Ahora tenían tiempo para dedicarse a la poesía, la música, la danza y otros placeres.

PIÉNSALO

1. Para construir un castillo se necesitaban entre seis meses y diez años. ¿Por qué se necesitaba tanto tiempo?

2. ¿Por qué dejaron las personas de construir castillos?

3. ¿Te hubiera gustado vivir en un castillo durante la Edad Media? Da detalles para apoyar tu respuesta.

Matajuro's Training

EL ENTRENAMIENTO DE MATAJURO
por Eric A. Kimmel

FÍJATE

Matajuro no es como sus hermanos. Lee y averigua lo que su padre tiene que hacer.

Yagyu Matajuro, hijo de una familia samurai, mostró gran destreza con la espada desde que era muy pequeño. Pero era flojo. No quería ir a las prácticas o hacer los ejercicios. Mientras sus hermanos entrenaban intensamente con su sensei, Matajuro se escapaba del dojo para ir de pesca. Las amenazas y los castigos no surtían efecto. El padre de Matajuro lo regañaba frente a todo el clan, lo que era una terrible humillación. A Matajuro no le importaba. Al final, llegó el día en el que se negó a hacer cualquier cosa. Insultó a su *sensei* y se peleó con sus hermanos cuando trataron de obligarlo a comportarse.

Su padre, muy enojado, le dijo que juntara sus pertenencias. "Provienes de una familia Samurai, pero has demostrado que no eres digno de ello. No voy a tolerar tu flojera y tu falta de respeto. Ya no eres mi hijo. ¡Lárgate!"

Matajuro tuvo que abandonar su hogar. Tenía frío y hambre. A veces un amable granjero le regalaba algo de arroz y dejaba que durmiera en su establo. Pero casi siempre las personas del campo, que antes se inclinaban ante él, lo corrían del lugar.

"¡Lárgate, niño flojo! Eras el hijo de un samurai, pero ya no. No querías trabajar ni estudiar. ¿Qué se siente ahora, tener que rogar para que te den comida?"

Muy pronto, Matajuro se dio cuenta del terrible error que había cometido. Juró que iba a cambiar. Regresó con su padre y le rogó que lo recibiera.

—Aprendí mi lección —le dijo—. Prometo, que de hoy en adelante voy a trabajar muy duro. Ya no voy a ser flojo ni irrespetuoso.

Su padre no quiso escucharlo. —Tuviste la oportunidad de ser alguien. Muchas veces te advertí que no la desperdiciaras. Me ignoraste; ahora yo te ignoro a ti. A lo mejor puedes encontrar a alguien que te enseñe la forma de vida de un samurai, pero no voy a ser yo.

PIÉNSALO

¿Por qué el padre de Matajuro no lo recibe?

FÍJATE

Lee y averigua si Matajuro consigue que alguien lo escuche.

Matajuro tuvo que abandonar su hogar nuevamente, y esta vez para siempre. Se convirtió en un vagabundo, deambulando por el campo, esperando encontrar a un *sensei* que lo aceptara como alumno. Desgraciadamente, todos los *sensei* con los que habló ya conocían su historia.

"Quiero estudiantes que trabajen muy duro y muestren respeto", le decían. "Tu propio padre te corrió de la casa. ¿Por qué te he de recibir yo?"

Un día Matajuro escuchó hablar de un *sensei* llamado Banzo, un monje que vivía en una choza cerca del santuario Kumano Machi. Se decía que era amable y paciente con sus estudiantes. Matajuro fue a buscarlo. Se hincó ante la puerta del sensei y le rogó que lo aceptara como discípulo.

Banzo pasó por encima del niño como si no estuviera ahí, pero Matajuro no se iba a dar por vencido. Sabía que era su última oportunidad. Permaneció acostado en la puerta durante todo un mes, esperando que el *sensei* lo viera.

Banzo no lo tomó en cuenta para nada. Pasaba encima de Matajuro siempre que salía o entraba a su choza.

Pero un día Banzo preguntó: —¿Qué haces aquí niño? ¿Por qué estás acostado en mi puerta?

—Quiero ser un esgrimista, Maestro. Por favor acépteme como su alumno. Le prometo que voy a trabajar muy duro, día y noche. No me rechace. Enséñeme a ser un samurai.

Banzo suspiró. —Está bien. Entra.

Matajuro vivió con Banzo durante tres años. Cocinaba el arroz, lavaba la ropa, barría el suelo y juntaba leña. El sensei no le hablaba para nada, excepto para decirle lo que debía hacer. En cuanto a lo de la esgrima, Matajuro ni siquiera vio una espada.

Matajuro empezó a impacientarse. *No estoy aprendiendo a ser un samurai,* pensó. *Sólo soy un sirviente. Todo lo que hago es cocinar y limpiar. Si el sensei no me va a enseñar nada, lo mejor será que me vaya.*

PIÉNSALO

¿Cuál es la actitud de Banzo hacia Matajuro? ¿Por qué crees que es así?

FÍJATE

Lee y averigua cómo empieza Banzo a entrenar a Matajuro.

Al día siguiente habló con Banzo. —Maestro, llevó tres años aquí. ¿Cuándo me va a enseñar algo de esgrima?

—Oh —dijo Banzo—. ¿Así que quieres aprender esgrima? Muy bien. —Abrió un baúl y le arrojó a Matajuro una espada de madera—. Practica con esto.

Matajuro se sintió un poco mejor, pero no duró mucho. Aunque en sus horas libres practicaba los pocos ejercicios que recordaba de la casa de su padre, su *sensei* no lo criticaba ni corregía. Banzo ni siquiera intentó enseñarle algo. Lo ignoró, igual que antes.

Una noche, mientras Matajuro dormía, un objeto pesado lo golpeó en la espalda. Gritó de dolor. Cuando abrió los ojos, vio que Banzo estaba parado enfrente, esgrimiendo una espada de madera. *¡Whack!* La espada se dirigió hacia él nuevamente.

—¡Maestro! ¿Por qué me golpea? —le imploró Matajuro.

—¡Si no te gusta que te peguen, defiéndete! —Banzo volvió a golpearlo.

—¡No puedo! Mi espada está colgada en la pared.

—¿Qué hace ahí?

Banzo golpeó a Matajuro, sin parar, con la espada de madera. Cada vez que el niño intentaba levantarse, el sensei lo tiraba de un golpe.

Después de eso, Matajuro se aseguró de dormir con la espada a su lado. La llevaba consigo todo el día, porque no sabía cuándo Banzo lo podía atacar. Cuando menos se lo esperaba —¡*Whack!*— le caía un golpe en la cabeza, las piernas o la espalda.

Poco a poco Matajuro aprendió a defenderse. Practicó más y más, desarrolló reflejos relámpago y una intuición muy precisa. Después de un tiempo, podía sentir cuándo venía un ataque. Pocas veces Banzo logró agarrarlo desprevenido. Esto era vital, porque ahora practicaban con espadas de verdad.

PIÉNSALO
¿Qué métodos usa Banzo para enseñarle a Matajuro a usar la espada?

FÍJATE
Lee y averigua lo que Banzo le enseña a Matajuro.

Un día que Matajuro estaba cocinando arroz, Banzo lo atacó sin previo aviso. Matajuro estaba listo. Ni siquiera se preocupó por sacar su espada. Con su mano izquierda sostenía la tapa de la olla y esquivaba las acometidas de su *sensei* mientras continuaba moviendo el arroz con la mano derecha. Cuando el arroz estuvo listo, llenó un plato y se lo ofreció a Banzo con una reverencia.

—Maestro, aquí está su cena.

Banzo tiró su espada y lo abrazó. —Ya estás listo, Matajuro. Has dominado el arte de la esgrima totalmente. No hay nada que te falte por aprender.

—Gracias por enseñarme —dijo Matajuro.

Banzo sólo alzó los hombros. —Estás equivocado. Yo no te enseñé nada. Las destrezas que posees siempre fueron tuyas. Desde un principio estaban en tu interior. Yo sólo te enseñé a dejarlas salir.

Banzo le obsequió una fina espada el día que abandonó el santuario de Kumano Machi para regresar con su familia. Matajuro se convirtió en un samurai famoso. Su familia estaba orgullosa de él.

Matajuro nunca volvió a ver a su *sensei,* pero nunca olvidó la lección que le había enseñado: Antes de dominar cualquier arte, uno debe dominarse a sí mismo.

PIÉNSALO
1. ¿Cómo le demuestra Matajuro a Banzo que domina la espada?

2. "Antes de dominar cualquier arte, uno debe dominarse a sí mismo." ¿Qué crees que quiere decir esto? ¿Qué indica que Matajuro se domina a sí mismo?

3. Según el cuento, ¿qué cualidades debe tener una persona que aspira a ser un samurai? Da ejemplos para apoyar tu respuesta.

4. ¿Crees que Matajuro se merecía una segunda oportunidad? ¿Por qué?

ARMAS Y ARMADURA DE UN SAMURAI
por **Tamiko Sasaki**

Los guerreros samurai iban al campo de batalla con varias armas mortales. Su espada corta *(wakizashi)*, que cargaban en la cintura, era para combates cuerpo a cuerpo. Una espada más larga *(katana)*, que cargaban aguantada con el cinturón, se podía blandir cuando montaban a caballo. Muchos usaban palos largos con hojas curvas *(naginata)* que podían romper las flechas que el enemigo le arrojaba al samurai.

La armadura estaba hecha de láminas de metal o madera sujetas con cuero o seda. Sus cascos de metal por lo general tenían faldones para proteger el cuello. Los guerreros a menudo usaban máscaras de apariencia fiera para asustar a sus enemigos. ¡Con esta armadura, un samurai siempre estaba listo para la batalla!

EL LÁTIGO DE COLA DE VACA
adaptación de Harold Courlander y George Herzog

FÍJATE

Lee y averigua lo que le sucede a Ogaloussa y a su familia.

Cerca de la orilla de la selva liberiana se encontraba la aldea de Kundi. Sus campos de arroz y yuca se extendían en todas direcciones. El ganado pastoreaba en los prados que yacían a un lado del río. Por entre los techos de hojas de palmera se podía entrever el humo de las casas de barro redondas, y desde la distancia parecía que estas finas columnas de humo revoloteaban sobre la aldea. Los hombres y niños pescaban en el río con sus redes y las mujeres molían los granos en morteros de madera frente a sus casas.

Un cazador llamado Ogaloussa vivía con su esposa y muchos hijos en esta aldea.

Una mañana, Ogaloussa descolgó sus armas de la pared y se internó en el bosque para cazar. Su esposa e hijos salieron a trabajar los campos y sacaron el ganado a pastorear. Al final del día, se sentaron a comer su alimento diario de manioca y pescado. Llegó la noche pero Ogaloussa no regresaba.

Pasó un día más y Ogaloussa no regresaba. Hablaron sobre ello y se preguntaron a qué se debería su retraso. Primero pasó una semana y luego un mes. En una que otra ocasión, los hijos de Ogaloussa mencionaban que aún no había regresado. La familia se encargó de las cosechas y los hijos salían de caza, pero después de un tiempo dejaron de hablar de la desaparición de Ogaloussa.

Unos meses después, la esposa de Ogaloussa tuvo otro hijo. Su nombre era Puli. Puli creció. Se sentó y empezó a gatear. Cuando empezó a hablar, lo primero que dijo fue:
—¿Dónde está mi papá?

PIÉNSALO

¿Cómo reacciona la familia cuando Ogaloussa no aparece?

FÍJATE

Lee y averigua cómo influye la pregunta de Puli en sus hermanos.

Los demás hijos se quedaron mirando a través de los campos.

—Sí —dijo uno de ellos—. ¿Dónde está papá?

—Debió haber regresado hace mucho tiempo —dijo otro.

—Algo le debió haber sucedido. Deberíamos salir a buscarlo —dijo un tercer hijo.

—Se internó en la selva, pero, ¿dónde lo podremos encontrar? —preguntó otro.

—Yo vi cuando se fue —dijo uno de ellos. Se dirigió hacia allá, del otro lado del río—. ¿Por qué no seguimos su rastro y lo buscamos?

Así que los hijos tomaron sus armas y salieron en busca de Ogaloussa. Cuando se encontraron en la profundidad de los enormes árboles y enredaderas de la selva, perdieron el rastro. Buscaron por toda la selva hasta que uno de ellos volvió a encontrar el rastro. Lo volvieron a seguir hasta que lo perdieron otra vez, entonces otro hijo encontró el rastro. La selva estaba oscura y se perdieron muchas veces. Pero siempre uno de los hijos volvía a encontrar el camino. Por fin llegaron a un claro entre los árboles y ahí, sobre el suelo y esparcidos por todas partes, yacían los huesos de Ogaloussa y sus oxidadas armas. Supieron entonces que Ogaloussa había muerto durante la cacería.

Uno de los hijos dio un paso hacia el frente y dijo: —Yo sé cómo acomodar los huesos de un muerto. —Juntó todos los huesos de Ogaloussa y los volvió a armar, cada uno en el lugar que correspondía.

Otro hijo dijo: —Yo también tengo un conocimiento. Sé como cubrir un esqueleto con fibras y carne. —Se puso a trabajar y cubrió los huesos de Ogaloussa con fibras y carne.

Un tercer hijo dijo: —Yo tengo el poder de derramar sangre en su cuerpo. —Se acercó y virtió sangre en las venas de Ogaloussa y dio un paso hacia atrás.

Otro dijo: —Yo puedo hacer que su cuerpo respire. —Hizo su labor y todos vieron cómo el pecho de Ogaloussa subía y bajaba.

—Yo puedo darle a un cuerpo el poder del movimiento —dijo otro. —Le puso al cuerpo de su padre el poder del movimiento y Ogaloussa se sentó y abrió los ojos.

—Yo puedo darle la capacidad de hablar —dijo otro hijo. —Le dio al cuerpo la capacidad de hablar y retrocedió.

Ogaloussa miró a su alrededor. Se levantó.

—¿Dónde están mis armas? —preguntó.

Recogieron sus armas oxidadas del suelo y se las entregaron. Luego, regresaron por el camino que habían llegado, a través de la selva y los campos de arroz, hasta que llegaron a la aldea.

PIÉNSALO
¿Qué hace cada uno de los hijos para ayudar a su padre?

FÍJATE
¿Qué crees que Ogaloussa va a hacer cuando regrese a su casa?

Ogaloussa entró a su casa. Su esposa le preparó un baño y él se bañó. Le preparó comida y se la comió. En la casa se quedó cuatro días y en el quinto salió y se rasuró la cabeza, porque eso es lo que la gente hacía cuando regresaba de la tierra de los muertos.

Después mató una vaca para hacer un gran banquete. Agarró la cola de la vaca y la trenzó. La adornó con cuentas y conchas de porcelana y pedazos de metal brillante. Fue algo hermoso. Ogaloussa lo llevaba consigo siempre que tenía algún asunto importante. Cuando había un baile o una ceremonia importante siempre lo cargaba. Las personas de la aldea pensaban que era el látigo de cola de vaca más hermoso que jamás habían visto.

Pronto hubo varias celebraciones porque Ogaloussa había regresado de entre los muertos. Las personas se vistieron con sus mejores ropas, los músicos sacaron sus instrumentos y se hizo un gran baile. Los tamborileros tocaban sus tambores y las mujeres cantaban. Todo el mundo estaba feliz.

Ogaloussa portaba su látigo de cola de vaca y todos lo veían con admiración. Algunos hombres se animaron a pedirle el látigo de cola de vaca, pero Ogaloussa no lo soltaba de su mano. De vez en cuando se escuchaba un clamor y había mucha confusión porque varias personas lo pedían al mismo tiempo. También las mujeres y los niños le rogaban que se los diera, pero él se negó.

Finalmente, se levantó y habló. El baile se detuvo y las personas se acercaron a escuchar lo que Ogaloussa les iba a decir.

—Hace mucho tiempo me interné en la selva —dijo— y mientras cazaba me mató un leopardo. Luego, mis hijos fueron por mí. De la tierra de los muertos me trajeron de regreso a mi aldea. Le voy a entregar este látigo de cola de vaca a uno de mis hijos. Todos ellos hicieron algo para traerme de regreso, pero sólo tengo un látigo de cola de vaca. Se lo voy a dar al que hizo más por traerme de regreso a casa.

Así que empezó una discusión.

PIÉNSALO

¿Qué decide hacer Ogaloussa?

FÍJATE

Lee y averigua a qué hijo elige.

—¡Me lo va a dar a mí! —dijo uno de sus hijos—. ¡Yo fui el que más hizo porque encontré el rastro en la selva cuando lo perdimos!

—¡No, me lo va a dar a mí! —dijo otro—. ¡Yo fui el que volvió a juntar sus huesos!

—¡Fui yo el que cubrió sus huesos con fibra y carne! —dijo otro—. ¡A mí me lo va a dar!

—¡Fui yo el que le di el poder de movimiento! —dijo otro hijo—. ¡Yo me lo merezco!

Otro dijo que él se merecía el látigo porque él había vertido sangre en las venas de Ogaloussa. Otro lo reclamaba porque le había puesto aire en el cuerpo. Cada uno de los hijos defendió su derecho a poseer el maravilloso látigo de cola de vaca.

Poco después, no sólo discutían los hijos sino también otras personas de la aldea. Unos decían que el hijo que había vertido sangre en las venas de Ogaloussa debería de tener el látigo, otros que el que le había dado aliento era el que lo merecía. Algunos pensaban que todos los hijos habían hecho lo mismo y que deberían compartirlo. Siguieron discutiendo hasta que Ogaloussa les pidió que guardaran silencio.

—A este hijo le voy a dar el látigo de cola de vaca, porque es al que más le debo —dijo Ogaloussa.

Dio un paso adelante, se agachó y se lo dio a Puli, al niño que había nacido mientras Ogaloussa había estado en la selva.

Entonces, las personas de la aldea se acordaron de las primeras palabras del niño: "¿Dónde está mi papá?" Y sabían que Ogaloussa tenía razón.

Porque entre ellos reza un dicho que un hombre no está realmente muerto hasta que es olvidado.

PIÉNSALO

1. Cada uno de los hijos ayuda a su padre a volver a la vida. ¿Por qué la pregunta de Puli es la que más ayuda a su padre?

2. ¿Qué crees que significa el dicho: "Un hombre no está realmente muerto hasta que es olvidado"? ¿Cómo queda Ogaloussa casi en el olvido?

3. Si tú fueras Ogaloussa, ¿a qué hijo le hubieras dado el látigo de cola de vaca? Explica tu respuesta.

de EL LLAMADO DE LA NATURALEZA
por Jack London
adaptación de Teresa Langness

FÍJATE
¿Cómo es la vida de Buck en su hogar en California?

Capítulo I: **La ley primitiva**

Buck no leía los periódicos, por eso no se enteró de que se avecinaban problemas. Todo perro fuerte que tuviera pelo largo, desde Canadá hasta California, podía esperar problemas. Esto se debía a que los hombres habían descubierto un metal amarillo y se iban a toda prisa en barcos y trenes a las tierras del norte. Estos hombres necesitaban perros. Querían perros pesados con músculos fuertes y que fueran lanudos para protegerse del hielo.

Buck vivía en una casa grande en el soleado valle de Santa Clara. Se le conocía como la casa del juez Miller. Estaba rodeada por árboles y amplios jardines. En la parte de atrás había establos para caballos, cuartos para sirvientes, huertos y sembradíos de moras. También había un tanque de agua donde nadaban los niños del juez Miller. Y Buck reinaba sobre toda esta tierra. Aquí había vivido los últimos cuatro años, toda su vida. Y si bien era cierto que había otros perros, éstos no importaban. Vivían en las perreras o en la casa. Pero Buck no era ni perro casero ni perro de perrera. Todo ese reino era suyo.

Solía zambullirse en el tanque de agua o salía de caza con los hijos del juez. Daba largos paseos con las hijas del juez. En las noches, se recostaba a los pies del juez frente a la ardiente hoguera. Cuidaba a los nietos del juez cuando iban a los sembrados de moras. Era rey de todas las cosas que se arrastraban, gateaban y volaban en la casa del juez Miller, incluyendo los humanos.

Elmo, el padre de Buck, un enorme San Bernardo, había sido el mejor amigo del juez. Ahora, Buck había tomado el lugar de su padre. No era tan grande como su padre —sólo pesaba ciento cuarenta libras, ya que su madre había sido una perra pastora escocesa.

Buck era orgulloso, como todo un caballero, pero no era flojo. Cazaba en las afueras y le encantaba nadar. Así era Buck, el perro, en el otoño de 1897 cuando la fiebre del oro en Klondike atrajo a hombres de todo el mundo al gélido Norte.

PIÉNSALO
¿Cómo describirías la vida de Buck? Busca tres o cuatro detalles que apoyen tu respuesta.

FÍJATE
Lee y averigua los cambios en la vida de Buck.

Manuel era uno de los ayudantes de jardinero en la casa del juez Miller. Buck no sabía que Manuel no era de confiar. Había perdido dinero en las apuestas y lo necesitaba urgentemente para darle de comer a su familia. Una noche en la que el juez no estaba en casa, Manuel llevó a Buck a dar un largo paseo. Lo llevó hasta un parque y se detuvo a hablar con un hombre. El hombre le dio dinero a Manuel y le pidió que amarrara una cuerda en el cuello a Buck. Manuel amarró la cuerda y le dijo: "Aprieta si tienes que ahogarlo".

Buck se quedó quieto. Confiaba en las personas que conocía, pero cuando el extraño agarró la cuerda empezó a gruñir. Para su sorpresa, sintió que la cuerda le apretaba el cuello. Saltó sobre el hombre, quien lo agarró por la garganta y se lo echó a la espalda. Otra vez sintió que la cuerda lo apretaba. Buck luchó, más enojado de lo que jamás había estado —nunca lo habían tratado de esta manera. El hombre lo arrojó dentro del vagón de equipaje de un tren y se alejaron del lugar.

A Buck le dolía la lengua y se sentía como un rey secuestrado. El hombre notó el enojo en sus ojos y trató de agarrarlo por la garganta otra vez. Buck le mordió la mano, así que otra vez lo ahogaron hasta que perdió el sentido. Al día siguiente se bajaron en San Francisco. El hombre llevó a Buck, mareado y adolorido, a un pequeño cobertizo detrás de una taberna cerca de los muelles. Ese hombre se quejó porque sólo le dieron cincuenta dólares por entregar al perro y porque se había lastimado una mano. El tabernero le ayudó a quitarle el collar a Buck y a meterlo en una jaula.

Ahí se quedó Buck el resto de la noche. No entendía qué significaba todo eso. ¿Qué querían de él estos desconocidos? ¿Por qué lo mantenían en esta jaula? Varias veces durante la noche escuchó ruidos y se levantó esperando ver al juez. Pero era el tabernero. Cuando Buck lo veía, su alegre ladrido se convertía en un gruñido. Y el tabernero prefirió ignorarlo.

PIÉNSALO
¿Qué le está sucediendo a Buck por primera vez en su vida?

FÍJATE
Lee y averigua lo que Buck aprende de su primer entrenador.

En la mañana llegaron cuatro hombres por la jaula. Buck les ladró a través de los barrotes. Ellos sólo se rieron y lo picaron con palos. Después, la jaula pasó por muchas manos. Buck viajó en una carreta, luego en un camión, después en un barco, luego en un tren y finalmente en otra carreta. Durante dos días y dos noches la carreta avanzaba lentamente, y durante dos días y dos noches Buck no comió ni bebió. Le dolía la garganta y la lengua por la falta de agua. Los ojos se le pusieron rojos. Durante esta terrible experiencia se transformó en una bestia tan furiosa que ni el mismo juez lo hubiera reconocido.

Los hombres que lo llevaban se sintieron aliviados cuando llegaron a Seattle y se deshicieron de él. Llevaron la jaula a un pequeño patio trasero. Un hombre con un suéter rojo salió y firmó el libro del conductor. Buck le gruñó al hombre y empujó contra los barrotes. El hombre sonrió y sacó un hacha y un garrote.

—¿Lo vas a dejar salir ahora? —preguntó el conductor.

—Seguro —dijo el hombre. Los otros cuatro hombres huyeron a un lugar seguro mientras él abría la jaula con el hacha.

—Ahora, tú, pequeño diablo de ojos rojos —dijo el hombre cuando terminó de hacer un hueco lo suficientemente grande como para que Buck pudiera pasar. Buck botaba espuma por la boca. Saltó sobre el hombre del suéter rojo. Justo cuando estaba a punto de morderlo, sintió un fuerte golpe. Cayó al suelo. Nunca en su vida había sufrido un golpe con garrote. Se levantó y volvió a saltar sobre el hombre. Otra vez sintió un golpe y cayó al suelo. Una docena de veces se abalanzó. Y siempre sentía el golpe del garrote que lo tiraba al suelo.

Después del siguiente golpe se levantó con dificultad. De la nariz, la boca y las orejas le fluía sangre que coloreaba su bello pelaje. El hombre se le abalanzó y le pegó más fuerte en la nariz. El dolor se hizo casi insoportable. Buck rugió y corrió hacia el hombre, quien le pegó con el garrote en la barbilla y lo hizo caer de espaldas. Por última vez se volvió a abalanzar. El hombre lo golpeó tan fuerte que Buck no tuvo otro remedio que quedarse quieto en el suelo. Ni siquiera podía pensar.

—No es un holgazán cuando de domar perros se trata. De eso pueden estar seguros —gritó uno de los hombres que estaba sobre la pared. Buck recobró el sentido pero no la fuerza. Se quedó tirado en el mismo lugar en el que había caído y observó al hombre del suéter rojo.

—Responde al nombre de Buck —dijo el hombre, leyendo la carta del tabernero. Bueno, Buck, pequeño, ya tuvimos nuestro encuentro. Ya sabes cuál es tu lugar. Sé un buen perro y todo saldrá bien. Sé un mal perro y te golpearé hasta cansarme. ¿Me comprendes?

Mientras hablaba, acariciaba la cabeza que antes había golpeado. El pelo de Buck estaba electrizado pero no hizo ni un solo sonido. Luego, el hombre le llevó agua y Buck la lamió. Más tarde Buck comió carne cruda de la mano del hombre. Estaba derrotado, y lo sabía, pero no amansado. Se dio cuenta de que no tenía ninguna posibilidad frente a un hombre con un garrote. Aprendió una lección y no la olvidó por el resto de su vida. Empezó a comprender la ley primitiva.

PIÉNSALO
¿Qué le enseñó a Buck el hombre del suéter rojo?

FÍJATE
Buck tiene dos dueños. Lee para saber lo que sucede.

Más perros llegaron con el paso de los días. Algunos llegaban en jaulas y otros amarrados a una cuerda. Algunos llegaban dócilmente. Otros rugiendo, como él. El hombre del suéter rojo los amansó a todos. De vez en cuando llegaban otros hombres que hablaban con el hombre del suéter rojo. Intercambiaban dinero y se llevaban con ellos a uno o más los perros. Buck nunca supo a dónde iban porque ninguno regresó. Empezó a temer por su futuro.

Pronto le llegó su turno. Llegó un hombre con arrugas en la cara. Hablaba de manera extraña y Buck no lo entendía. Cuando vio a Buck, dijo: —¡Qué perro tan bravo! ¿Cuánto vale?

—Trescientos, y es un buen trato, Perrault —dijo el hombre del suéter rojo. Perrault sabía de perros. Cuando vio a Buck se dio cuenta que era uno en un millón. Perrault entregaba envíos para el gobierno de Canadá. Buck podría ayudarlo a entregarlos más rápidamente.

Buck vio que el dinero pasó de manos de Perrault a las del hombre del suéter rojo. Pronto, Perrault se lo llevó junto con Curly, una agradable perra Terranova. Fue la última vez que vio al hombre del suéter rojo. Tanto él como Curly terminaron en un barco llamado *Narwhal*. Mientras veían cómo se alejaba la ciudad de Seattle, nunca se imaginaron que jamás volverían a ver las tierras del sur.

Perrault le entregó los perros a un gigante de piel oscura llamado Francois. Éste llevó a Buck y a Curly a la bodega inferior del barco donde ya había dos perros más. Uno de ellos trató de robarle la comida a Buck, pero el látigo de Francois lo detuvo. Dave, el otro perro, guardó su distancia. Cuando el barco se mecía y se sacudía, todos gemían de miedo, pero Dave sólo bostezaba y se volvía a dormir.

Buck acabó por respetar a Perrault y Francois. Los dos eran hombres justos, tranquilos, aunque conocían demasiado bien a los perros como para dejarse engañar. Cuidaron a los perros durante el largo trayecto. Todos los días eran iguales al anterior excepto porque hacía más frío. Finalmente, el barco dejó de moverse y se quedó quieto. Los perros sabían que se aproximaba un cambio. Francois les puso unos collares y los llevó a la cubierta. Cuando Buck dio su primer paso sobre la cubierta helada, se le hundieron las patas en una masa blanca muy parecida al lodo. Con un resoplido, retrocedió rápidamente. Y más de esa cosa blanca caía del cielo. Se sacudió, pero le cayó más encima. La olfateó, luego la probó con la lengua. Quemaba como fuego y luego desaparecía. Esto le pareció muy extraño. Todos los que habían estado observando a Buck se rieron. Se sintió avergonzado. Pero no sabía por qué ya que era su primera nevada.

PIÉNSALO

¿Qué diferencias o semejanzas hay entre los nuevos dueños de Buck y el hombre del suéter rojo?

Capítulo II: **La ley del garrote y del colmillo**

Resumen

Buck pronto aprende la forma de vivir de los perros. Todos pelean por su comida y por sobrevivir. También ve cómo una manada mata a Curly por tratar de entablar amistad con un desagradable perro esquimal. Mientras Curly está muriendo, los otros perros le saltan encima y se la comen.

Buck obedece las órdenes de los hombres por temor a que le den latigazos. El clima es muy frío y nunca hay suficiente comida. Como ya no vive con personas que lo quieren, pone atención a sus propios instintos y pronto se vuelve salvaje.

FÍJATE

En el equipo de perros de Francois y Perrault están Spitz (el perro guía), Joe, Billie, Sol-leks, Dave, Dub, Dolly y Pike. ¿Cómo se lleva Buck con el equipo?

Capítulo III: **La bestia dominante**

Buck tenía un instinto de dominación muy desarrollado. Y en su nueva y salvaje vida este instinto creció y creció. Su recién aprendida astucia le propiciaba una sensación de control. No buscaba pleitos, ni siquiera con Spitz. Por otro lado, Spitz, que lo consideraba un peligroso enemigo, lo provocaba cada vez que podía. Se la pasaba buscando una pelea que sólo terminaría en la muerte de uno o del otro.

Una noche de fría nevada, Perrault y Francois encendieron su fogata y acamparon sobre un río congelado. Buck hizo su guarida bajo una roca. No le gustó nada la idea de tener que abandonar su cálida guarida para cenar. Y cuando lo hizo, regresó y encontró a Spitz dentro de su guarida. Ahora rugió la bestia en su interior. Buck atacó furiosamente a Spitz. Francois se apresuró para ver qué sucedía. Alentó a Buck con el grito de "¡Agarra al ladrón!". Spitz se veía dispuesto a pelear mientras Buck giraba a su alrededor. Justo en ese momento una jauría de perros esquimales hambrientos se acercó al campamento para ver la pelea. Perrault y Francois los amenazaron con sus garrotes pero los perros salvajes se defendieron. Estaban enloquecidos por el olor a comida. Perrault atrapó a uno que tenía la cabeza dentro de la caja de comida. Le pegó y el perro cayó al suelo. Veinte bestias hambrientas se abalanzaron sobre el pan y el tocino. Los garrotes no se hicieron esperar. A pesar de sus aullidos siguieron comiendo hasta que no quedó ni una migaja.

Tan pronto como los perros del equipo salieron de sus guaridas, los perros salvajes los atacaron. Buck nunca había visto perros como éstos. Apenas tenían piel sobre los huesos. Los ojos le brillaban. Les caía saliva de los colmillos. La locura del hambre los hacía aterradores. No había forma de detenerlos. Los perros salvajes obligaron a los perros del equipo a retroceder hasta el peñasco. Tres perros esquimales atacaron a Buck y lo cortaron en la cabeza y los hombros. Billie aullaba. Dave y Sol-leks luchaban valientemente uno al lado del otro. Joe le rompió la pierna a uno de los perros y luego Pike lo atacó y le rompió el cuello. Buck dio media vuelta y le hundió los colmillos en la garganta a otro de los perros. El cálido sabor de la sangre le dio valentía. Se arrojó encima de otro. En ese mismo instante sintió que le clavaban unos colmillos en la garganta. Era Spitz, que lo atacaba desde un costado.

Perrault y Francois habían limpiado de perros su lado del campamento. Luego se apresuraron a salvar sus perros de trineo, agitando los garrotes. La ola de las bestias retrocedió y Buck logró liberarse. Luego, los hombres se dedicaron a alejar a los perros esquimales de la comida, y otra vez dejaron solos a los perros del trineo. Billie, a quien el susto había convertido en un valiente, cruzó el círculo y corrió sobre el hielo. Pike y Dub lo siguieron y atrás, el resto de los perros. Buck juntó valor ya que vio cómo Spitz se arrojaba sobre él. Una vez que se levantó, supo que no tenía esperanza alguna. Pero después de la primera embestida de Spitz, se unió al pleito que había en el lago.

PIÉNSALO

Encuentra por lo menos tres desafíos por parte de los otros perros a los que se tiene que enfrentar Buck.

FÍJATE

El equipo, herido, sigue su camino. Lee y averigua qué tan duro es el camino.

Más tarde, los nueve perros del equipo se juntaron en el bosque. Cada uno de ellos estaba herido en por lo menos cuatro o cinco lugares distintos. Algunos estaban muy malheridos. Dub tenía rota una de las patas traseras. Dolly tenía una cortada severa en la garganta. Joe había perdido un ojo. El amable Billie, con una oreja despedazada, lloró toda la noche. Al amanecer, cojeando, regresaron al campamento. Encontraron a los dos hombres enojados y pensativos. Sólo quedaba la mitad de las provisiones. Los perros esquimales habían roto a mordidas las sogas del trineo. Nada que pudiera comerse se les escapó. Se habían comido los mocasines de piel de alce de Perrault, pedazos completos de las sogas guía y hasta la punta del látigo de Francois. Perrault dejó el látigo a un lado para atender a los perros heridos.

—Ay, amigos míos —dijo suavemente—. A lo mejor esas mordidas ya los convirtieron en perros rabiosos. A lo mejor ya todos tienen rabia. ¿Qué crees, Perrault?

El mensajero agitó la cabeza. Aún faltaban cuatrocientas millas por recorrer para llegar a Dawson, por lo que no podía darse el lujo de tener perros rabiosos. En menos de dos horas, los hombres hicieron todas las reparaciones posibles y siguieron su camino. Los perros se esforzaban dolorosamente sobre la parte más tosca del sendero que hasta ahora habían conocido.

El río Thirty Mile estaba totalmente despejado. Debido a lo fuerte de la corriente, el agua no se le congelaba excepto en uno que otro lugar tranquilo. Les tomó seis días recorrer esas treinta millas. Cada paso era un riesgo para la vida de los perros y del hombre. Una docena de veces, Perrault rompió los puentes de hielo. Todas las veces logró salir con la ayuda de su vara. Pero se aproximaba una onda fría y la temperatura cayó por debajo de los cincuenta grados bajo cero. Así que cada vez que se rompía el hielo tenía que encender un fuego y secar la ropa para salvar su vida.

Nada lo detenía. Es por eso que lo habían elegido mensajero del gobierno. Corría riesgos y luchaba desde que amanecía hasta que se metía el sol. A veces guiaba el trineo por una orilla de hielo que se doblaba bajo el peso. Una vez, el trineo quebró el hielo y se cayó con Dave y Buck. Cuando los sacaron estaban medio congelados y casi ahogados. Fue necesario encender un fuego para salvarlos. Tuvieron que correr alrededor del fuego, cerca de las llamas, sudando y descongelándose.

En otra ocasión, Spitz fue el que quebró el hielo, arrastrando con él a casi todo el equipo hasta llegar a Buck. Éste enterró las patas en el resbaloso hielo y jaló con todas sus fuerzas. La única escapatoria era subir por un acantilado. Perrault fue el primero en trepar y luego jaló con una cuerda a los perros. Francois fue el último junto con el trineo y la carga. Entonces tuvieron que utilizar cuerdas para bajar a los perros del otro lado. Se tardaron todo un día para avanzar un cuarto de milla.

Cuando llegaron al siguiente pueblo, los perros estaban agotados. Pero Perrault quería reponer el tiempo perdido. Durante los siguientes días recorrieron de treinta y cinco a cuarenta millas por día.

Buck no tenía las patas tan resistentes como los perros esquimales. Todo el día cojeaba debido al dolor. No se podía mover durante las noches y Francois tenía que llevarle su pescado. También le sobaba las patas después de la cena. Hasta le cortó un pedazo de cuero a sus mocasines para hacerle cuatro zapatos de piel. Esto fue un gran alivio. Una mañana, a Francois se le olvidó ponerle los zapatos y Buck se balanceó sobre la espalda agitando las patas en el aire. Hasta Perrault esbozó una sonrisa. Una vez que las patas de Buck se acostumbraron al camino tiraron los zapatos.

PIÉNSALO

Describe dos o tres penurias que los perros y los hombres tienen que enfrentar.

FÍJATE

Lee y averigua cómo Buck desafía a Spitz.

Un día, justo cuando se alistaban para salir, Dolly repentinamente enloqueció. Emitió un largo aullido lobuno y saltó sobre Buck. Él nunca había visto que un perro se volviera loco, pero sí sabía que tenía que alejarse lo más rápido posible. Buck corría mientras Dolly, jadeando, lo seguía a sólo un brinco de distancia. A él, el miedo lo hizo correr rápido. A ella, la locura la hacía correr rápido. Buck atravesó el bosque y cruzó el río, primero a una isla y luego a otra. Francois le gritó que regresara y así lo hizo, esperando que el hombre lo salvara. Francois sostenía un hacha en la mano. Cuando Buck corrió a su lado, el hacha cayó sobre la cabeza de la enloquecida Dolly.

Buck se golpeó contra el trineo mientras trataba de recuperar la respiración. Y fue en ese momento cuando Spitz vio su oportunidad. Saltó sobre Buck, mordiéndole la carne hasta el hueso. Pero no llegó más lejos, el látigo de Francois cayó sobre Spitz, que recibió la peor tunda que le hubieran dado a un perro.

—Es un demonio, ese Spitz —dijo Perrault—. Un día va a matar a Buck.

—Ese Buck es dos demonios —contestó Francois—. Un buen día se volverá loco y masticará a Spitz hasta que lo escupa sobre la nieve. Seguro. Lo sé.

Desde ese momento la guerra quedó declarada entre ambos perros. Buck no era cobarde como los otros perros sureños que Spitz había conocido. El garrote del hombre del suéter rojo lo había hecho un perro astuto. Estaba dispuesto a esperar el momento indicado para reemplazar a Spitz como líder. Lo deseaba porque estaba en su naturaleza. El orgullo del sendero y el rastro se había apoderado de él. Se trataba del orgullo que hacía que los perros estuvieran dispuestos a morir gustosamente bajo el arnés y que se les rompiera el corazón si se lo quitaban. Éste era el orgullo de Dave como timonel y de Sol-leks mientras jalaba con todas sus fuerzas. Era el orgullo que hacía que Spitz azotara a los perros flojos o lentos. Era este orgullo el que hacía que le temiera a Buck como perro guía. Y éste era también el orgullo de Buck.

Buck intentó proteger a los demás perros y convertirse en su líder. Una mañana en la que Pike se escondió, Spitz buscó por todos lados, gruñendo furioso hasta que lo encontró. Buck se arrojó entre los dos para que Spitz no pudiera castigar a Pike. Francois tuvo que golpear a Buck para evitar la pelea. En los días que siguieron, Buck siguió interviniendo entre los demás perros y Spitz, pero sólo cuando Francois no estaba cerca. Muy pronto los perros ya no querían obedecer. El equipo fue de mal en peor. Los problemas estaban cerca y tras ellos estaba Buck.

Por fin, una tarde, llegaron a Dawson. En este lugar había muchos perros y hombres trabajando. Los perros jalaban leños y madera para fogatas. Llevaban cargas a las minas. Hacían el trabajo que los caballos hacían en el valle de Santa Clara. Por todos lados Buck se encontró perros del sur, pero eran de una raza medio lobo salvaje y medio esquimal. Todas las noches aullaban un canto misterioso y a Buck le encantaba unirse al canto.

La aurora boreal chisporreaba arriba. Las estrellas saltaban en una danza de hielo. La tierra se congelaba bajo su manto de nieve. Esta canción de los perros de Alaska podría haber sido un canto a la vida en aquel frío. Pero la cantaban en un tono angustioso, triste, con prolongados aullidos y sollozos. Así que parecía más una canción de lucha por sobrevivir. Era una canción vieja, tan vieja como la misma raza. Buck se conmovía cada vez que la lloraba y sollozaba. Cantaba del dolor de vivir que era el dolor de sus padres salvajes. Sus temores eran los mismos. La canción tocaba una parte profunda que le recordaba el tiempo del fuego y el techo. Conoció el crudo principio de la vida en la época de los aullidos.

PIÉNSALO

¿Cómo desafía Buck a Spitz?

FÍJATE

Lee y averigua cómo termina la guerra entre los dos perros.

Una semana después de que llegaron a Dawson se dirigieron al sendero de Yukon y caminaron rumbo al océano. Perrault llevaba mensajes más importantes que los que había traído. Él también estaba contagiado del orgullo del viaje. Quería realizar el viaje récord del año. Y parecía que lo iba a lograr. Los perros habían descansado toda una semana. El sendero estaba compacto. Y la policía había colocado puestos de provisiones en el camino para que pudieran viajar ligeros.

Lo hicieron en buen tiempo pero no sin problemas. La rebelión encabezada por Buck había destruido la unidad del equipo. Los perros ya no trabajaban juntos como un equipo. Y los perros ya no le temían a Spitz. Una noche Pike le robó la mitad de su pescado y se lo tragó mientras Buck le cuidaba la espalda. Otra noche Dub y Joe pelearon contra Spitz. Hasta el amable Billie era menos amable con Spitz. Y en cuanto a Buck, no se acercaba a Spitz sin gruñirle. De hecho, se comportaba como un provocador.

Los perros también discutían más entre ellos. Los latigazos que le daba Francois no servían de nada. Mientras que él defendía a Spitz, Buck defendía al resto del equipo. Sabía que Buck era el responsable de los problemas, pero Buck trabajaba muy duro en los senderos y nunca causaba ningún problema. Amaba su trabajo de jalar el trineo casi tanto como le gustaba organizar peleas entre sus compañeros.

Una noche después de cenar, Dub encontró un conejo. Trató de atraparlo pero falló. En menos de un segundo, todo el equipo se lanzó a perseguirlo. Cincuenta perros policía de un campamento cercano los escucharon y se les unieron. El conejo corrió hacia el río y dio vuelta en un pequeño arroyo y subió por el cause congelado. Corrió sobre la nieve mientras lo perseguían los perros. Buck iba a la cabeza de una jauría de sesenta, curva tras curva.

Hay una felicidad que marca la cima de la vida de todos. El artista la siente al pintar. El soldado la siente, trastornado por la guerra, en el campo de batalla. Buck la sintió cuando guiaba a la jauría, dejando escuchar su viejo aullido de lobo, persiguiendo una comida que estaba viva y que huía bajo la luz de la luna. Invocaba sus instintos animales, aquéllos que se remontaban al principio de los tiempos. Sentía el surgimiento de la vida, la alegría perfecta de cada músculo y articulación, de todo lo que no era la muerte. Todo resplandecía y se movía. Volaba bajo las estrellas y sobre el rostro de la materia muerta.

Mientras tanto, Spitz abandonó la jauría y tomó un atajo. Buck no lo sabía y mientras corría por una curva, con el conejo aún enfrente, vio que un animal más grande saltaba de un banco elevado en el camino del conejo. Era Spitz. El conejo no podía regresar. Mientras los blancos dientes le rompían la espalda en pleno vuelo, gritó tan fuerte como gritaría cualquier hombre. Ante este sonido, el grito de la vida que caía en las garras de la muerte, toda la jauría elevó su propio grito.

Buck no gritó. Se arrojó sobre Spitz, hombro contra hombro, con tal fuerza que falló en agarrarlo por la garganta. Rodaron sobre la nieve. Spitz se levantó, tirándole tajadas a Buck en el hombro y liberándose de un salto. Dos veces cerró los dientes como las quijadas de acero de una trampa.

En menos de un instante, Buck lo supo. Había llegado la hora. Era una lucha a muerte. La tranquilidad cubrió la blancura. Nada se movía, ni siquiera una hoja. El aliento de los perros se elevaba lentamente por el aire congelado. Estos perros parecidos a los lobos habían acabado con el conejo. Ellos también, silenciosos, formaron un círculo.

Spitz era un peleador experimentado. Nunca atacaba hasta que no estaba listo para resistir cuando se le abalanzaran. Cuando Buck trató de hundirle los dientes en el cuello al enorme perro blanco, chocó colmillo contra colmillo, y los labios le quedaron cortados y sangrantes. Una y otra vez, se arrojó sobre la garganta blanca como la nieve. Y una y otra vez, Spitz cortaba y se escapaba.

Spitz estaba ileso, mientras que Buck sangraba y jadeaba. Todo ese tiempo, el círculo de lobos, silencioso, esperaba para acabar con el perro que saliera derrotado. Mientras Buck tomó un segundo aire, Spitz decidió atacar. Una vez Buck cayó para atrás pero dio la vuelta en pleno salto. Pero Buck tenía una cualidad que equivalía a la grandeza: la imaginación. Se arrojó sobre el hombro pero al final mordió más abajo y hasta el fondo. Sus dientes se aferraron a la pata delantera de Spitz. Se escuchó el crujido de un hueso que se rompía y el perro blanco le hizo frente en tres patas. Tres veces intentó tirarlo. Luego, volvió a repetir el truco y le rompió la pata delantera derecha. A pesar del dolor, Spitz luchaba por mantenerse de pie. Vio cómo lo encerraba el silencioso círculo. Había visto lo mismo muchas veces, pero ahora él era el que estaba derrotado.

No tenía esperanzas. El círculo se acercó hasta que pudo sentir su aliento. Buck podía ver cómo lo miraban fijamente. Dio la impresión de una pausa. Todos los animales se quedaron quietos como estatuas. Spitz se tambaleó hacia delante y hacia atrás, gruñendo como si quisiera espantar a su propia muerte. Entonces, Buck saltó dentro del círculo y lo tiró. El círculo oscuro se convirtió en un punto negro sobre la nieve bañada por la luna mientras Spitz desaparecía de la vista. Buck se detuvo y se quedó mirando, como la bestia que finalmente había hecho su caza.

PIÉNSALO

1. ¿Qué le sucede a Spitz al final? ¿Cómo lo derrota Buck?

2. ¿Qué cualidades ayudan a Buck a convertirse en el líder del equipo de perros de trineo?

3. ¿Qué crees que significa el título *El llamado de la naturaleza*?

4. ¿En qué parte del cuento crees que Buck siente el "llamado de la naturaleza"? Da ejemplos para sustentar tu respuesta.

EL REGALO DE SAN VALENTÍN
por Emily Crofford

FÍJATE

Un niño nuevo llega a la clase de Meg. ¿Cómo reaccionan los demás estudiantes ante su llegada?

Lo primero que se me vino a la cabeza cuando el niño nuevo entró al salón fue que todas habíamos desperdiciado el tiempo al arreglarnos el cabello.

—Clase —dijo la señorita Gibson—, les presento a Talmadge McLinn. Su familia acaba de llegar del este de Tennessee.

—De Wild Hog Holler, para ser precisos —dijo Talmadge.

Maxine, nerviosa, se río y los demás suprimieron una carcajada. Yo no, aunque nunca había escuchado a alguien hablar así, y Wild Hog Holler realmente era un nombre chistoso.

La señorita Gibson nos echó una mirada de enojo; la clase guardó silencio. Supuse que Maxine, que se reía de todo, se estaría ahogando de la risa.

Los pies de Talmadge eran tan grandes que hacían más notorio su deforme pie derecho. Los pies deformes no eran nada extraño, pero nunca había visto uno como el suyo. El peso le caía por completo en el dedo chiquito de tal manera que el talón se levantaba unas dos pulgadas del suelo, incluso cuando estaba parado. Traía puestos zapatos de trabajo de tacón alto —sin calcetines, a pesar del frío de enero. Sus raídos pantalones vaqueros le llegaban arriba de los zapatos. Su sonrisa se extendía de un lado del rostro al otro, ofreciéndonos su amistad y pidiéndonos la nuestra.

—¿En qué silla quiere que me siente? —preguntó Talmadge a la señorita Gibson, y Stinky Sterret soltó una carcajada. La señorita Gibson le dijo que saliera al pasillo.

Pensé que a Stinky se le había olvidado que cuando llegó de Oklahoma, los otros niños lo fastidiaron hasta que se volvió mezquino y le pusieron el nombre de Stinky.

PIÉNSALO

¿Por qué los niños se ríen de Talmadge?

FÍJATE

¿Qué crees que va a pasar cuando la clase salga a su primer recreo? Lee y averígualo.

Durante el recreo las niñas hablaron de Talmadge. —Siento lástima por él —dijo Josie.

A Maxine le dio un ataque de risa y dijo: —¿Pero lo quieres para novio?

Josie agitó la cabeza. —Ya tengo más novios de los que necesito. Pero me da lástima.

—A mí también —dije yo—. Stinky le va a hacer la vida imposible.

Y eso fue lo que Stinky hizo desde el principio del recreo. Corrió a un lado de Talmadge, le arrebató la gorra y se la arrojó a Raymond. Talmadge creyó que era un juego y sonreía y no paraba de tratar de recuperar la gorra mientras los demás se unían para quitársela.

A nosotras no nos pareció divertido, a excepción de Maxine. Pero nos quedamos mirando para ver qué sucedía.

Talmadge mantuvo su sonrisa incluso cuando Stinky atrapó la gorra y se sonó la nariz con ella. Fue entonces cuando la señorita Gibson, que conversaba con otra maestra, intervino. A paso acelerado, con la cabeza hacia delante como una tortuga, entró furiosa en medio del grupo y le arrebató la gorra a Stinky.

No debió hacer eso, señorita Gibson, pensé. *De ahora en adelante para Stinky, Talmadge será su peor enemigo.*

Talmadge también lo supo. Limpiando su gorra sobre el pasto mojado, dijo: —No importa pa'nada. Sólo se estaban divirtiendo.

Si antes Stinky estaba furioso, ahora tenía un gesto de odio en la boca.

PIÉNSALO

Talmadge es una persona amistosa. ¿Por qué Stinky empieza a odiarlo?

FÍJATE

Talmadge empieza a cambiar. ¿Qué cosa nota Meg sobre él que la sorprende?

Durante las dos semanas siguientes Talmadge se tornó más y más silencioso durante las clases. Ya no alzaba la mano para contestar preguntas; prefería quedarse en el salón durante el recreo y leer.

John Edward, el niño que mejor me caía, no lo trató mal, pero tampoco se hizo su amigo. Nadie se hizo su amigo. Yo misma me mantuve alejada hasta que un día mamá envió una nota a la escuela diciendo que había tenido dolor de oídos la noche anterior y que no podía salir a jugar durante el recreo. Al principio, la señorita Gibson se quedó con Talmadge y conmigo, luego salió del salón. Todavía se escuchaba el ruido de sus tacones en el pasillo cuando Talmadge tímidamente se cambió a una mesa en la fila enfrente de mí.

—Lamento que te sientas mal, Meg —dijo.

—Oh, estoy bien —le dije—. Anoche me dolió un oído. Ya no tengo nada, sólo una punzada de vez en cuando.

—A mi hermana le dan muchos dolores de oído —me dijo—. Debe ser terrible. —Se veía tan preocupado que me puse nerviosa.

—¿Has leído este libro? —me preguntó.

Miré hacia la puerta y puse atención en caso de que alguno de los niños rondara por el pasillo. Lo único que se alcanzaba a escuchar eran chillidos y risas que provenían del patio de la escuela.

—Me parece que no —le dije, y me volteé para leer el título. *Bob, Son of Battle,* decía. Bajo el título había una imagen de la cara de un perro pastor escocés.

Talmadge pasó las páginas del libro hasta el principio y me lo dio.

—Es difícil de leer —le dije después de un minuto.

—Sí, al principio —me dijo—, pero pronto le agarras el sentido. Nunca se lo he prestado a nadie, pero te lo puedo prestar cuando termine de leerlo. —Y, en voz alta, leyó:

"¡Oh, benditos sean los perros grises!", decía el anciano.

"Es imposible llevarles la delantera, no importa cómo. Los conozco desde hace sesenta años, así es, y hasta ahora no he conocido a uno malo."

Cando Talmadge lo leía sonaba como si fuera música.

—Hablas parecido —le dije.

Afirmó con la cabeza. —Los Thorntons –mi ma´ era una Thornton– vienen de los Dalelands. —Giró en su escritorio—. Los Dalelands son de Inglaterra. La familia de pa´ era del otro lado de la frontera, de Escocia. Hace años, los Thorntons y los McLinns derramaron mucha sangre peleando entre ellos. Así que cuando mi ma´ y mi pa´ se casaron, ninguna de las dos familias quiso saber nada de la otra. Ma´ solía llorar. Los pleitos nunca terminaron, y mi pa´ dice que nadie sabe bien por qué las familias comenzaron a pelear.

—Oh —dije—. No sabía qué decir. Como parecía que era importante para él, agregué: —Fueron malos al tratar así a tus papás.

Talmadge acarició el libro con la punta de los dedos. —Me dieron este libro en Navidad cuando era muy pequeño. Ya casi puedo leerlo bien.

Había una cosa que yo quería saber. —Talmadge, ¿no vas a pelear con Stinky?

Stinky, una semana antes y frente a toda la clase, había desafiado a Talmadge a salir a la zanja de atrás y pelear. Desde entonces, Stinky y los tres amigos que lo seguían a todas partes se la pasaban diciendo que Talmadge era un cobarde.

Talmadge cerró el libro y negó con su cabeza. —Venimos aquí para alejarnos todo lo posible de las peleas y para ganarnos la vida. Ya he visto suficientes peleas. —Con su dedo dibujó un círculo alrededor del retrato de la cara del perro en la portada del libro—. He hecho un juramento de no pelear —y volteándome a ver añadió—: A nadie más se lo he contado, excepto a John Edward.

No se lo diré a nadie —le dije—. Tampoco lo hará John.

PIÉNSALO
¿Por qué Talmadge no quiere pelear con Stinky?

FÍJATE
¿Qué crees que sucederá si presionan demasiado a Talmadge?

Cuando sonó la campana agarré mi libro de ciencias y fingí que estudiaba. Talmadge regresó a su escritorio. Demasiado tarde. Maxine estaba parada en la puerta, y sus ojos de pájaro brincaban de uno al otro. Ella y Bonnie Lou pasaron por mi escritorio y Bonnie Lou dijo: —Parece que Meg tiene un nuevo enamorado. —Maxine se dobló de la risa.

De ahí en adelante preferí evitar a Talmadge. No quería que los demás pensaran que había algo de cierto en lo que Bonnie Lou y Maxine habían dicho. Pero un día, cuando salí después de que sonara la última campana, vi a Talmadge rodeado por otros niños.

Inmediatamente me di cuenta de lo qué había sucedido. Stinky se había acercado a Talmadge por la espalda y le había arrebatado su *Bob, Son of Battle.* Por primera vez desde que llegó a la escuela, Talmadge perdió toda su docilidad.

—Regrésamelo —dijo. Su voz tenía un tono tan autoritario que Stinky parpadeó y yo creí que le iba a regresar el libro a Talmadge. Pero los demás codeaban a Stinky y le decían cosas como: —¡Agárralo, Stinky!, ¡Haz que nos demuestre lo cobarde que es!

John Edward no hizo nada de esto, pero tampoco hizo algo para detenerlos como lo había hecho en otras ocasiones. Se mojó los labios mientras se volteaba a mirar a Stinky y a Talmadge.

Aunque Talmadge era más alto que Stinky, tenía un pie deforme. Así que no creí que tuviera oportunidad de ganar.

Stinky soltó el libro y lo pateó a un lado. —¡Levántalo campesino, si es que lo quieres! —le dijo.

Un escalofrío recorrió a Talmadge, pero debido a nuestra conversación yo sabía que no era de miedo. Venía de luchar contra sí mismo. Tuve la impresión de que también John Edward lo sabía.

PIÉNSALO

¿Qué nota Meg acerca de Talmadge?

FÍJATE

¿Qué puede suceder, si Talmadge rompe su juramento?

Con un movimiento, Talmadge se quitó el saco, dio un paso hacia delante y le dio un certero golpe a Stinky en la quijada. Stinky se tambaleó y todos los que lo miraban hicieron un gesto de asombro. Sin embargo, Stinky se recuperó rápidamente, agachó la cara y embistió mientras Talmadge se movía en un círculo, agachándose y balanceándose para esquivar los puños de Stinky. Cuando los golpes de Stinky lo tocaban, sólo eran cortos o indirectos. Pero en una ocasión, Talmadge no echó la cabeza hacia atrás lo suficiente y le empezó a salir sangre por la nariz.

Ahora también se habían acercado los niños de las otras clases, algunos en silencio, otros gritándoles que se detuvieran y otros animándolos para que siguieran. Talmadge sólo había dado un puñetazo, pero de repente lanzó el puño nuevamente. Le pegó a Stinky en el mismo lugar, la quijada. Talmadge dio un par de largos e inseguros pasos y lo tiró al suelo, se le sentó encima y le presionó los hombros contra el suelo. ¡Había ganado!

Luego Talmadge hizo algo terrible. Empezó a llorar. Con el brazo se tapó los ojos y la ensangrentada nariz, se levantó de Stinky, recogió su libro y se fue caminando.

Una parte del grupo, encabezado por los amigos de Stinky, le gritaban: —¡Regresa a Wild Hog Holler!. Yo di un par de pasos hacia Talmadge. *Hiciste lo correcto,* quería decirle. *Tenías que defenderte.*

Todos los niños se me quedaron mirando. ¡Regresa a Wild Hog Holler! —grité.

PIÉNSALO

Si Meg cree que Talmadge hizo lo correcto, ¿por qué se une a los demás niños?

Lee para saber cómo se comporta la clase con Talmadge después de la pelea.

Por lo general, una pelea era el tema de conversación del día siguiente, pero nadie mencionó la de Talmadge y Stinky. Era como si todos quisiéramos olvidar lo que había sucedido. Seguí pensando en John Edward y la forma en la que se había mojado los labios cuando Talmadge y Stinky estaban a punto de pelear. Por fin lo entendí. No estaba emocionado por la posibilidad de la pelea sino por ver si Talmadge respetaría su juramento. Decidí que había otro niño, Tom Garrity, que me gustaba más que John Edward.

Después de ese día yo ya no quería hablar con Talmadge. Era muy diferente a nosotros. John Edward actuaba como si Talmadge no estuviera. Aunque nadie lo molestaba, tampoco lo invitaban a reunirse. Era un desterrado. Cuando me daba cuenta de que me estaba mirando, fingía que estaba muy concentrada en mi trabajo. Cuando caminaba a mi lado al salir del edificio, le contestaba con amabilidad y me alejaba lo más rápido que podía.

—Es sólo por cortesía —le dije a mi amiga Grace un día que caminábamos rumbo a nuestras casas bajo la lluvia—. Mi mamá y mi papá me han metido en la cabeza desde el día en que nací que debo ser amable y cortés, así que no lo puedo evitar.

Grace, la amable, no me contestaba. Caminamos un cuarto de milla más y me dijo:

—Meg, no estás siendo honesta. Talmadge, realmente te cae bien.

—¡No me gusta! ¡No lo soporto!

Grace se encogió de hombros y no dijo nada.

Finalmente, rompí el silencio.

—Sabes muy bien que si le doy alguna seña de que me cae bien los demás niños me harían pedazos.

Empecé a ponerme más nerviosa respecto a Talmadge conforme se acercaba el Día de San Valentín. Si me regalaba una cursi tarjeta de San Valentín de seguro me moriría.

A mi mamá nunca le habían gustado las cajas de San Valentín, ni cuando yo iba al primer grado, menos ahora que estaba en sexto. Debí haber tomado esto en cuenta antes de molestar con que tendría que hacer mis propias tarjetas.

—Puedes hacerlas con el papel del libro de tapices o no hacer nada —me dijo—. Y si haces una, tienes que hacer una para cada persona en la clase.

A la mañana siguiente dudé un segundo antes de acercarme a la caja, pensando si echar o no la tarjeta de Stinky y la de Bonnie, la de Lou, Maxine y Talmadge. *Qué diablos,* pensé. *Mejor acabo pronto con esto y le doy una tarjeta a cada uno.* Y metí todas mis tarjetas por la hendidura de la caja.

La señorita Gibson entregó las tarjetas hasta que acabó la última clase y para entonces yo ya estaba desesperada. Me había imaginado que sólo me darían cuatro o cinco. Pero recibí 13. Josie y John Edward recibieron más, pero yo no me sentí muy mal. La de Tom Garrity era de una tienda y tenía un elefante al frente. "Tengo un baúl lleno de amor por ti", decía.

Me sentí mal por Talmadge y me sentí bien de haberle hecho una tarjeta. La mía era una de las tres que había recibido. Yo sólo había puesto con tinta roja "Feliz día de San Valentín" y mi nombre. No había forma de que los demás lo malinterpretaran.

PIÉNSALO

¿Cuáles son los sentimientos de Meg hacia Talmadge? Busca dos o tres detalles del cuento que te hacen pensar esto.

FÍJATE

Lee para saber qué sucede cuando Talmadge visita a Meg.

Pero Talmadge sí lo hizo. Un día cuando salíamos de la escuela me alcanzó en las escaleras del frente.

—Meg, me hace sentir muy bien que una hermosura con ojos como los tuyos me regale una tarjeta de San Valentín. Espero que no te haya molestado que yo no te haya dado una. A nadie le di, no tuve tiempo.

—Está bien —dije rápidamente y dándole la espalda me volteé a hablar con Josie.

El sábado por la mañana nuestra casa olía a madera quemada y al pan de jengibre que mi mamá había horneado. Me sentía cómoda y feliz, y la estaba ayudando a hacer el edredón cuando Brownie gruñó desde el portal. En ese momento escuché que me llamaban: "¡Hola!" Rápidamente alcé la cabeza y miré por la ventana de enfrente. Ahí, al lado de la calle, estaba Talmadge.

Me deslicé del banco y me recorrió uno de esos rubores que no puedo evitar: desde el cuello hasta la punta de la cabeza. —Es el niño nuevo de la clase —dije.

Mi papá fue a abrir la puerta, su rostro arrugado por la gracia que le causaba mi vergüenza. —Entra —le dijo, con lo que también hacía entender a Brownie que el visitante era bienvenido.

Talmadge llegó hasta la puerta, se limpió el lodo de los zapatos en el escalón y entró, sonriente y saludando a todos.

—Él es Talmadge —dije con sequedad—. Vino de Tennessee.

—De Wild Hog Holler, para ser precisos —dijo Talmadge todo sonriente.

Mi papá soltó una risita parecida a la de Talmadge y le dijo: —Conozco a tu papá. Es un buen hombre.

—Meg, quítale el abrigo a Talmadge —me dijo mamá. Había en su tono de voz una nota de desconcierto, como si no pudiera comprender por qué se me había olvidado el arte de dar la bienvenida.

—Me lo dejaré puesto un rato —dijo Talmadge—. Estoy congelado hasta la médula.

Justo en ese momento mis hermanos Bill y Correy entraron a la casa, jadeantes y riendo a carcajadas.

—¡Talmadge! —exclamó Bill.

—Hola, Bill —dijo Talmadge.

No me sorprendió que Bill conociera a Talmadge; lo normal era que los niños de los grados inferiores conocieran a los mayores. Lo que sí me sorprendió es que Talmadge conociera a Bill.

Correy se quedó mirando fijamente el pie deforme de Talmadge.

—Ése es Correy —dijimos Bill y yo al mismo tiempo, su tono orgulloso y alegre, el mío forzado. Talmadge se agachó, con una rodilla en tierra y otra levantada, como los hombres, para estar al nivel de Correy.

—Hola, Correy —y señaló a su pie—. Lo tengo así desde que vine al mundo —le guiñó un ojo—. Pero no por eso soy más lento.

PIÉNSALO

¿Cómo recibe la familia de Meg a Talmadge cuando llega de visita?

FÍJATE

Lee y averigua cómo reacciona Meg ante el regalo que le lleva Talmadge.

Entonces caminó directo hacia mí, buscó en el bolsillo izquierdo del abrigo, sacó un enorme sobre blanco y me lo entregó.

—Caminé por la carretera y pedí un aventón al pueblo y te traje esto —dijo.

Temblorosa, abrí el sobre.

—Es un regalo de San Valentín —dijo Talmadge—. Como el Día de San Valentín ya pasó, me lo dieron por la mitad del precio. Con dinero que yo mismo ahorré.

El regalo era realmente hermoso, con moños y flores y corazones delicados en el frente. Adentro decía: "Para mi valentín".

—Quería uno que dijera "Para mi amiga" —dijo Talmadge, nervioso—, pero no había.

A pesar del pie deforme, había caminado millas bajo el helado clima para traerme un regalo de San Valentín. Seguí mirando silenciosamente al techo, sabiendo que esperaba que yo dijera algo. También mamá, papá, Billy y Correy esperaban que yo dijera algo.

Me relajé. Si los niños de la escuela se enteraban de que Talmadge me había traído un regalo, me reiría y les diría: "¡Sentí que me iba a morir!".

—Es el regalo de San Valentín más hermoso que jamás haya visto —le dije—. Muchas gracias.

Las orejas de Talmadge se tornaron rojas.

Sonriendo, le pregunté: —¿Te gustaría comer un poco de pan de jengibre y leche con nosotros?

—Seguro es una tentación —dijo Talmadge—, pero tengo que regresar a casa, hace mucho que salí.

—Por lo menos llévate un pedazo —dijo mi mamá. Rápidamente entró en la cocina y regresó con un gran pedazo cuadrado de pan.

Vimos a través de la ventana cómo Talmadge caminaba por la carretera comiéndose el pan. La nieve casi se había derretido, el sol brillaba en el borde de las nubes.

—Estoy orgulloso de ti —me dijo mi papá, con una voz suave y orgullosa—. Me siento orgulloso de que elijas a tus amigos por lo que tienen en su interior. Ya he escuchado cómo lo han evitado los demás.

Me quedé mirando el suelo, demasiado avergonzada como para alzar la cabeza. Podía ver a Talmadge enconchado sobre su escritorio, rogándome con los ojos que fuera su amiga; y me podía escuchar cuando grité: "¡Regresa a Wild Hog Holler!".

—Se necesita mucho valor para no hacer lo que hacen los demás —me dijo mi papá y trató de tocarme.

—No lo hagas, por favor. —Las palabras apenas me salieron.

Corrí a mi cuarto y me puse el abrigo, luego sin mirar por dónde, salí al establo y me subí al pajar. El heno, aromático, suave, cedió bajo mi peso, meciéndome al hundirme en él, amortiguando el sonido cuando dije: —Talmadge, lo siento —y al fin dejé que me brotaran las lágrimas.

PIÉNSALO

1. ¿Por qué llora Meg al final?

2. ¿Por qué crees que Talmadge todavía quiere ser amigo de Meg?

3. ¿Qué palabra usarías para describir a Talmadge? ¿Te gustaría que fuera tu amigo? ¿Por qué?

4. ¿Cómo crees que Meg va a tratar a Talmadge en el futuro?

LA MALA RACHA
por Walter Dean Myers

FÍJATE

Jamie está pasando por uno de esos días malos. Lee y averigua qué es lo que ha sucedido.

Está bien, sí, mi nombre es Jamie, Jamie Farrel. No lo olvides en caso de que me vuelva famoso o algo por el estilo.

Froggy Williams es mi mejor amigo, mi cuate, mi compadre. Froggy es de verdad. Su defecto es que no entiende ni pizca de básquetbol.

—Así que fallaste un tiro —dijo Froggy—. Gran cosa.

—Es que perdimos contra la Academia Powell —le dije—. Somos el único equipo de la zona que hemos perdido con Powell.

—¿Y qué fue lo que pasó?

—Sólo faltaban quince segundos para terminar el juego y estábamos perdiendo por un punto —le dije—. Tommy Smalls se roba la pelota y todos se le echan encima. Yo veo cuando Tommy la agarra y corro al otro lado de la cancha. Uno de los míos trata de hacer uno a uno con Tommy y yo estoy solo y justo debajo de la canasta.

—¿Tommy no te vio?

—Sí, me ve, salta y me pasa la pelota cuando apenas quedan dos segundos para terminar.

—¿En serio?

—Y entonces, fallo —le dije.

—¿Por qué? —preguntó Froggy.

—¿Cómo voy a saberlo? —le dije—. Estaba solo, no me apresuré, sólo la arrojé suavemente sobre el tablero como lo hago en los entrenamientos, pero rodó alrededor del aro ¡y cayó fuera!

—¿Entonces qué? ¿Quieres ir a mi casa y escuchar algo agradable? —preguntó Froggy.

—Hombre, la escuela entera no habla de otra cosa que de mi caso por regalarle el juego a la vieja Academia Powell y tú hablas de escuchar música —le dije—. ¿Qué quieres que escuchemos, la marcha fúnebre?

—Haz como si no hubiera pasado —dijo Froggy—. La vida continúa.

—No, no es así —le dije—. Eso fue sólo lo primero que sucedió hoy. Luego entré a los vestidores y todos los muchachos me miraban feo porque la regué en el juego, ¿entiendes?

—¿Y entonces?

—Así que hago como que no me importa y me quedo sentado bebiendo una botella de *WonderAde.* —le dije, pensando que no debí habérselo dicho.

—El *WonderAde* es muy rico —dijo Froggy.

—Sí, lo fue hasta que la botella se me cayó, se rompió y todos tuvieron que andar en puntillas para no cortarse con los pedazos —le dije.

—Oh —es todo lo que dijo Froggy.

Bueno, me voy a casa sintiéndome miserable. Y cuando me quedo dormido, ¿qué crees que sueño? Que Tommy me arroja la pelota y yo la riego. Sólo que en mis sueños cuando la pelota se cae del aro se rompe en el suelo y todos los de mi equipo salen con cortadas.

PIÉNSALO

¿A quién o a qué le echa Jamie la culpa de lo que le pasó durante el día?

FÍJATE

¿Seguirá la mala suerte de Jamie? Lee y averigua una posible explicación a estos sucesos.

Cuando me levanto la siguiente mañana, ni siquiera quiero ir a la escuela, pero voy. Ya sabes, hacer lo correcto y todo eso.

Froggy y yo tomamos juntos la clase de biología. Durante el rato que me tardé en caminar por el pasillo todos me miraron feo. Nos detuvimos a mirar los carteles de un baile de la escuela y una niña me choca en la espalda. La miré mal y ella me miró mal a mí.

—¿Cómo hiciste para fallar ese tiro? —me dijo—. ¿Te están sobornando o algo así?

Cuando se fue, volví a mirar el cartel. —Estoy pensando en pedirle a Celia que me acompañe al baile —le dije a Froggy.

—¿Celia *Evora?* —preguntó.

—Ajá.

Celia era de la República Dominicana y también era la chica más guapa de la escuela.

—Hombre, ni en un millón de años te vas a poder ligar a esa chica —dijo Froggy—. Es más, ni en sueños.

Eso me molestó un poco, pero no dije nada. Mejor entré al salón, a la clase más larga de biología que jamás había tenido. Creí que nunca terminaría, pero por fin sonó la campana.

—Está bien, clase, terminemos —dijo el señor Willis—. Este proyecto del portaobjetos va a ser el veinticinco por ciento de su calificación final, así que quiero el portaobjetos rotulado con su nombre, clase y...

Las manos me debieron estar sudando. A lo mejor se me acalambraron los dedos, no lo sé. De lo único que me acuerdo es que me dieron ganas de vomitar cuando el portaobjetos se me resbaló de las manos. Traté de agarrarlo y casi lo logro justo antes de que chocara con el suelo. Levanté la vista y el señor Willis me estaba mirando fijamente y moviendo la cabeza de un lado al otro.

Traté de explicarle que no rompí el portaobjetos a propósito, pero no me creyó. El tipo no me dejaba de mirar ni de mover la cabeza. Agarró su libreta de calificaciones y escribió en rojo un enorme 0 junto a mi nombre.

—Me doy por vencido —le dije a Froggy—. Me voy a ir a casa, me voy a meter a la cama y allí me quedaré hasta el año 3000. Quizá para entonces las cosas no estarán tan mal.

—A lo mejor es una mala racha —dijo Froggy.

—¿Una qué?

—Una mala racha —dijo—. Leí en un libro que algunas personas hacen las cosas por rachas. ¿Has oído hablar del jugador de béisbol que batea muchos jonrones seguidos y luego ya no batea ni siquiera un *touchdown?*

—¿Quieres decir ni un *hit?* —le dije.

—Lo que sea —Froggy se encogió los hombros—. De cualquier forma, algunas personas pasan así toda su vida. De repente algo realmente malo te sucede y haces un montón de cosas mal sin parar. O sucede algo bueno y haces un montón de cosas bien sin parar. Perdiste el juego, rompiste la botella en los vestidores y acabas de romper tu portaobjetos en la clase de biología.

PIÉNSALO
¿Cómo explica Froggy todas las cosas malas que le están pasando a Jamie?

FÍJATE
Lee y averigua si Jamie está de acuerdo con la idea de Froggy.

—No creo ni en la buena suerte ni en la mala racha o lo que sea de lo que estás hablando —dije. Estábamos en la cafetería durante un receso. Yo tomaba un refresco y Froggy leche, como siempre—. Tampoco creo en la astrología.

Froggy siguió hablando de este asunto de la mala racha pero a mí no me interesó para nada. Sonó la siguiente campana y nos levantamos. Arrojé con cuidado la lata de refresco al bote de basura. Luego agarré el cartón de leche de Froggy y lo arrojé justo al centro del bote. Digo centro porque eso es lo que quise hacer. No sé cómo es que chocó contra la orilla del bote y rebotó en las piernas de Maurice DuPre.

Maurice DuPre mide seis pies de altura, seis pies de ancho y tiene más dedos en las manos y en los pies que puntos de IQ. Vi cómo las últimas gotas de leche le caían en las piernas a Maurice. Luego vi cómo se volteó a mirarme con sus ojos pequeños, bizcos e inflamados. Luego, vi cómo se levantó con el puño cerrado. Después salí corriendo de la cafetería lo más rápido que pude.

Pasé el resto del día escondiéndome en los pasillos y metiéndome a los salones para que Maurice no me pudiera encontrar. Bueno, no es que me preocupara la idea de pelear con él, porque ya sabía el final. Lo que me preocupaba era si algún día volvería a despertar después de que terminara la pelea.

Cuando se acabó la escuela ni siquiera fui a las gavetas por mis cosas. Sólo le pedí a Froggy que se asomara al pasillo y si veía a Maurice que gritara mi nombre y señalara con el dedo en la dirección opuesta a la que yo estaba. Froggy no entendía nada de deportes, pero sí entendió que no quería que me hicieran pedazos, así que hizo lo que le pedí. Lo último que supe es que Maurice estaba persiguiendo a Froggy por todo el gimnasio.

PIÉNSALO

¿Qué pruebas apoyan la idea de Froggy acerca de las malas rachas?

FÍJATE

¿Crees que las cosas se pueden poner peor? ¡Lee y averígualo!

Llegué a mi cuadra pensando en Froggy, Maurice y la mala racha. Me detuve en la esquina de mi casa y compré unas papas fritas y un refresco en la tienda de hamburguesas. Primero me dieron las papas y empecé a masticarlas mientras la señora del mostrador me servía el refresco. Luego recordé que después del almuerzo había sacado mi billetera de la bolsa y la había guardado en mi gaveta.

—¡Estas papas no saben bien! —grité.

—Te van a saber mucho peor con la quijada rota —gritó el gerente—. Así que mejor paga y cómetelas.

Sabía que podía escapar antes de que él le diera la vuelta al mostrador. Sólo pudo darme un pequeño golpe en la nuca que no me dolió.

Derecho a casa. Sube las escaleras, cierra la puerta, ciérrala con llave y tranquilízate. ¡El mundo estaba al revés! Sonó el teléfono y no quise contestarlo, pero luego pensé que a lo mejor era alguna persona que me quería advertir que un asesino subía las escaleras para matarme. Corrí al teléfono, deteniéndome el tiempo suficiente para golpearme el tobillo contra una pesa. ¿Alguna vez has escuchado el sonido de tu tobillo al chocar con el acero? ¿Has visto cómo te salen estrellas de la cabeza?

—¿Diga?

—¿Jamie? —preguntó la voz del otro lado del teléfono.

—Depende —dije—. ¿Quién es?

—Es el señor Bradley —fue la respuesta—. Sólo quería avisarte que reprobaste la materia de Inglés. Estás a un pelo de reprobar el curso. Sólo te quería advertir.

—Oh, muchas gracias. Con su amabilidad ya me siento bien —le dije.

Para cuando llegué al refrigerador y saqué hielo para el tobillo ya estaba llorando. Y no quiero decir tristemente, sino casi con alaridos y lágrimas chorreándome por las mejillas. Sentía punzadas en el tobillo, mis sentimientos estaban heridos y estaba dispuesto a darme por vencido y a renunciar a la especie humana.

Me puse el hielo en el tobillo, que estaba golpeado, inflamado y un poco ensangrentado. Luego me senté, subí la pierna sobre la mesa de la cocina y llamé a Froggy.

—Froggy, hombre, me doy por vencido —le dije—. Mi racha es de muerte y probablemente voy derecho a la tumba.

—No, hombre, no te preocupes, la mala racha va a pasar —dijo.

—Sí, cuando esté muerto.

—No —dijo Froggy—. Sólo porque fallaste la canasta y perdiste el juego de béisbol...

—El juego de baloncesto —le dije.

—Lo que sea. De cualquier forma, siempre puede suceder algo dramático y las cosas pueden tomar otra dirección. Y entonces tendrás tanta buena suerte como la mala suerte que has tenido.

—¿Qué quieres decir con dramático? —le pregunté.

—Hey, cuando suceda —dijo Froggy—, lo entenderás.

PIÉNSALO
Busca detalles que te hagan pensar que Jamie ya cree en las malas rachas.

FÍJATE
¿Qué se necesitará para que cambie la suerte de Jamie? A lo mejor su hermana tiene la respuesta.

Ellen es mi hermana. Tiene doce años y una lengua suelta. También tiene frenos que cuestan mucho dinero y no la puedo molestar cuando juega a ser la débil.

—¿Qué te pasó? —me preguntó cuando llegó a casa—. Me enteré de que alguien te estaba persiguiendo por las calles.

—Nada —le dije.

—¿Por qué no me dices quién te perseguía para que vaya y le diga dónde estás?

—¿Por qué mejor no te callas? —le contesté.

—¿Qué te pasó en la pierna?

—Nada.

Fue al refrigerador y sacó los huevos. Tomó un huevo y me lo pasó.

—Toma —me dijo—. Si no te pasó nada en el tobillo, entonces lo que tienes es un huevo bajo la piel porque realmente se nota mucho. Aquí hay otro huevo para tu otra pierna.

Hombre, las ganas que tenía eran de pegarle en los frenos de metal. Salió bailando de la cocina y hasta me sacó la lengua. En ese momento fue que perdí la cabeza. Arrojé el huevo al lavabo y traté de levantarme, pero el dolor empezó a extenderse por la pierna y tuve que sentarme muy rápido. Una vez vi una película en la que le disparan a un tipo en la pierna y se la tienen que cortar. Le dieron un trago de whiskey y una bala para morder. Había algo de refresco en el refrigerador, bajé la pierna muy lentamente y me acerqué. Fue en ese momento cuando lo vi.

Mira, escucha con atención. Tengo una mano en la puerta del refrigerador cuando mi mente topa con el lavabo. Veo el lavabo y no hay ningún huevo adentro. Luego veo el cartón y tiene doce huevos.

—¡Hey! ¡Ellen! ¡Ven rápido!

Ellen se tomó su tiempo para llegar a la cocina. Luego se detuvo en la puerta con una mano en su flaca cadera: —¿Qué?

—¿Me diste o no me diste un huevo? —le pregunté.

—Sí, tenías un huevo —dijo—. Pero no te pongas agresivo conmigo. ¿Acaso también has visto conejos morados rondando por allí o algo parecido?

—¡Pues, entérate de esto! —le dije. Sabía que estaba emocionado—. Aventé el huevo justo ahí y cayó en el cartón de huevos!

—¡Qué simpático!

—No, no lo entiendes —le dije—. Primero sonó el teléfono y luego me pegué en la pierna con la pesa y luego reprobé inglés, ¿entiendes?

—De veras te diviertes cuando estás solo, ¿verdad?

Bueno, la niña era realmente estúpida. Pero yo sabía quién sí iba a entender y llamé a Froggy para contarle lo que había pasado.

PIÉNSALO
¿Qué cree Jamie que ha sucedido?

FÍJATE
Lee y averigua lo que Froggy piensa de la suerte de Jamie.

—¿Cuántas cosas malas te pasaron? —preguntó Froggy.

—Mil —le contesté.

—No. Exactamente, ¿cuántas cosas malas te han pasado? —dijo—. Necesitamos el número exacto.

Empecé a contar. Fallé en el básquetbol, eso fue lo primero. Luego, rompí la botella en los vestidores. Lo tercero fue que rompí mi portaobjetos en la clase de biología.

—Después, bañaste a Maurice DuPre con leche —dijo Froggy—. De hecho, te sigue buscando.

—Correcto, luego dejé mi cartera en la escuela y no pude pagar las papas fritas. Y cuando llegué a casa me pegué en el tobillo y me enteré de que había reprobado mi examen de Inglés.

—Siete cosas —dijo Froggy—. Ahora te toca una racha de buena suerte de siete cosas.

—Espera un minuto —dije—. Acabo de descubrir que reprobé la prueba de inglés. Pero en realidad no la reprobé en ese momento.

—¿Cuándo la hiciste?

—Justo antes... justo antes del juego de básquetbol —le dije.

—Bueno, acabas de tener un poco de buena suerte porque arrojaste el huevo al lavabo y cayó en el cartón —dijo Froggy.

—Te quedan seis.

—Voy por lo primero —dije—. Le voy a pedir a Celia que vaya conmigo al baile.

Ve y házlo.

FÍJATE
Lee para saber lo que le pasa a Jamie con la racha de buena suerte.

Imaginé que encontraría a Celia en la escuela y le podría pedir que fuera al baile conmigo. Tenía toda la escena dibujada en mi mente. Celia vendría caminando por el pasillo con una de esas pequeñas faldas que le gusta ponerse, bronceada y dulce, pavoneando esas piernas como si fuera la dueña del mundo. Entonces la llamaría y le diría: "Oye, *¿vamos* a ir al baile juntos?". Y ella casi se desvanecería y quizá soltaría unas risitas y todo estaría arreglado.

Cuando llegué a la escuela ya me sentía bien. La primera clase fue de matemáticas y nos tocó una de las famosas pruebas cortas del señor Galicki. Estaba sentado, atrás como siempre, y pensando en cómo me comería a Celia a besos, cuando escuché que el señor Galicki me llamaba.

—Sí, ¿qué sucede?

—Dije (el señor Galicki subió el tono de su voz) que estoy realmente sorprendido de lo bien que hiciste la prueba. Realmente entiendes los paralelogramos.

Y qué puedo decir. Me encontré a Froggy, que venía de su ensayo con la banda de música y le di las buenas noticias.

—Ya van dos cosas —dijo—. Te quedan cinco.

—Eso no fue suerte —le dije.

—¿Matemáticas? —preguntó Froggy—. ¿Eres bueno con las matemáticas?

Fue suerte. Tenía que ser cuidadoso. Celia tenía que darme un sí antes de que se me acabara la racha. Me detuve justo en ese lugar del pasillo y traté de tranquilizarme.

"Tranquilízate y piensa con claridad, mi yo anterior, mi Nubio".

Necesitaba un refresco. Fui a la cafetería, volteé a todos lados para ver si no estaba Maurice, vi que no estaba y metí una moneda de veinticinco en la máquina.

—Hey, ¡no funciona! —me gritó Tommy, del equipo de pelota. —¡Se queda con tu dinero pero no te da un refresco!

Sólo había metido una moneda y la maquina estaba zumbando y silbando. Entonces, salió una botella de refresco.

Los demás se acercaron y golpearon la máquina, pero no ganaron nada. Ésa fue la tercera cosa en mi racha de buena suerte. Sólo me quedaban cuatro.

PIÉNSALO
Hasta ahora, ¿cuáles son las tres cosas que le han sucedido a Jamie en su buena racha?

FÍJATE
Lee para saber por qué Jamie se pone nervioso con su buena racha.

Bueno, tenía que ir por lo que más quería. Celia venía de Santiago, en la República Dominicana. Sólo con verla me daban ganas de mudarme a la República Dominicana. Decidí tirarle con todo, incluidas las flores. Éste era el plan. Compraría unas rosas, las llevaría a su casa, que está en la calle 153 y Broadway, le daría las rosas y la invitaría al baile. En la calle 135 hay un tipo que vende rosas, así que compré seis. Una docena suena perfecto, pero seis están bien.

Luego me puse un poco nervioso. Celia te pone nervioso porque es muy delicada. De cualquier forma, las mujeres me ponen nervioso. Pero estoy en mi buena racha, así que todo es todo. Compro las rosas y voy a mi casa. Ellen me está observando y le digo que no se meta en lo que no le importa. Luego, marco el número de Celia que me había dado Ramona Rodríguez, quien también está guapa, pero va a ir con Paco y nadie se mete con Paco.

—¿Hola? ¿Señora Evora? Soy Jamie Farrell. ¿Está Celia?

—¿Quién?

—Jamie Farrel —repito—. Voy a la escuela con Celia.

—Oh, tuvo que ir al doctor —dijo la señora Evora—. Tiene una alergia a ciertas flores y necesita un tratamiento.

—¿Rosas?

—¿Te contó?

—Algo así —le dije—. ¿Le puede decir que la llamó Jamie?

—Sí, Jamie habló para saber cómo estaba de su alergia —dijo.

Bien. Jamie habló para saber cómo estaba de la alergia. Le di las flores a mi madre. Ya eran cuatro las cosas buenas que me habían sucedido. Pero las flores me habían costado bastante y si iba a llevar a Celia al baile, por lo menos necesitaría dinero para poder cenar algo y para pagar el taxi y llevarla a su casa.

Me quedaba ya muy poco de mi racha y me estaba poniendo nervioso. Todavía no invitaba a Celia al baile.

—¿Qué esperas? Hazlo —dijo Froggy—. Búscala y dile: "Oye, mamacita, ¿por qué no empezamos a practicar la *lambada* para quedar bien en el baile?"

—¿Qué es la lam... —o qué cosa dijiste?

—Rápido, llámala ya —dijo Froggy.

Así que estoy acostado escuchando las noticias, que parece que es lo mismo que nos han repetido todo el año, así que no entiendo por qué son noticias, cuando alguien toca a la puerta. Supongo que es Ellen que viene a pedir algo prestado, así que no contesto. Luego, la puerta se abre y mi papá enciende la luz.

—¿Puedo hablar contigo? —me pregunta.

—Sí, claro —le digo. Y me pregunto si alguna vez salió con una chica dominicana.

—Hijo, quiero hablar contigo sobre las drogas.

No, creo que nunca salió con una dominicana, yo creo que…

Y mi papá se suelta con todo ese rollo de que las drogas son malas y es como si estuviéramos grabando un comercial para la televisión o algo así. Y todo el tiempo no dejo de preguntarme cómo voy a conseguir el dinero para llevar a Celia a su casa y si podré intentar una movida en el taxi.

—Sé que muchos jóvenes que viven en el centro de la ciudad sienten que se pierden las mejores cosas de la vida —me decía mi papá—. Hijo, te voy a dar estos cien dólares para que no te sientas así. Y, a cambio, te voy a pedir que hables conmigo cualquier cosa que te preocupe. Últimamente te has visto tan deprimido. Pero no te voy a presionar. Ahí estaré, esperándote.

Era la quinta de mi racha. Mi papá me daba cien dólares justo cuando necesitaba dinero. Estaba en serios problemas.

PIÉNSALO

¿Por qué está Jamie preocupado por el número de cosas buenas que le han sucedido?

FÍJATE

¿Cómo trata Jamie de controlar su buena suerte?

Tenía que concentrarme en Celia… Estaba enamorado de ella y sólo tenía una oportunidad, una sola racha para que fuera conmigo al baile. Concéntrate. Concéntrate en Celia.

Llamé a Froggy.

—Estás en problemas —me dijo—. Tu buena racha te está apabullando.

—¿Qué quiere decir eso? —le pregunté.

—Está fuera de control —me dijo—. Es probable que tengas buena suerte por naturaleza, así que tu suerte está llegando demasiado rápido.

Nada. Eso es lo que iba a hacer hasta que pudiera hablar por teléfono con Celia y la invitara al baile. Nada. Recostado sobre la cama. Nada. Ni siquiera iba a pensar en nada. Agarré una hoja de papel y escribí todas las cosas buenas que me habían sucedido. Estaba acostado en la cama y levanté la cabeza hasta que vi el bote de basura. Lo arrojé, alto y en curva hacia el bote.

¡Pánico! ¡Me tiré sobre el papel para que no cayera adentro! No quería que ésta fuera mi siguiente buena suerte. Entonces la puerta se abrió y golpeó al papel contra mi cartel de Malcolm X, junto a mi buró, y dentro del bote de basura.

—Pero, ¿qué te pasa? —Ellen estaba parada en la puerta—. ¿Te estás volviendo loco o algo así?

Llamé a Froggy.

—¿Querías que el papel entrara en el bote? —me preguntó.

—No cuando me di cuenta de que sería mi sexta cosa de buena suerte —le dije.

—Pero cuando lo aventaste sí quisiste, ¿verdad? —preguntó Froggy.

Colgué y me dije que no debía olvidar que Froggy no me caía bien.

Bueno, para que tengas una idea. Estoy en la escuela y se me está acabando la suerte. Sólo me queda una oportunidad de mi racha.

Y mi escuela, Ralph Bunche, está jugando contra Carver. Se supone que no debemos ganarle a Carver. Pero estoy preocupado y le digo al entrenador que creo que tengo un tobillo lastimado y que no puedo jugar. Me examina el tobillo, que todavía está inflamado, y dice que está bien. Estoy en la banca.

Se supone que Carver va a acabar con nosotros. En su equipo hay tipos de quince, quizá hasta dieciséis pies de altura. Pero de alguna forma nuestro equipo se mantiene parejo y rezo para que el que el equipo gane sin que yo juegue, no sea mi último suceso dentro de mi buena racha. Estoy seguro que no hay manera de que eso suceda. Pero entonces, los nuestros, echándole todas las ganas, juegan tan duro contra Carver que el juego está casi empatado. Pero algunos de nuestros muchachos salen por faltas. Ya casi es el final del juego y el entrenador se voltea a mirarme.

—O juegas o nos quedamos con sólo cuatro jugadores y seguro perdemos —me dice.

"Nada más no tires", pienso.

PIÉNSALO

En tu opinión, ¿está tomando Jamie muy en serio lo de su racha de buena suerte?

FÍJATE

Lee para saber si la buena racha de Jamie se termina antes de que invite a Celia.

Recordé cómo había empezado todo esto. Quince segundos para el final del juego contra la Academia Powell, yo estaba corriendo hacia la canasta y luego fallaba el tiro. Quiero que ganemos este juego pero tengo más ganas de ir al baile con Celia.

Me volteo a mirar el reloj. Nueve segundos. Miro el pizarrón. Carver 47, Ralph Bunche 46. No tires, me digo. Nada más no tires. Piensa en Celia. Ojos oscuros. Falda corta. Dientes hermosos...

—Tenemos una oportunidad en un millón —dice el entrenador—. La jugada cuarenta y tres la hacemos con Tommy. Jerry le rebota la pelota a Tommy y los demás bloquean a su hombre lo mejor que puedan.

—Buena decisión, entrenador —digo.

Jerry rebotó la pelota, o por lo menos eso fue lo que intentó. Un tipo de Carver la golpeó y llegó hasta mí. Dos enormes tipos de Carver se me abalanzaron. Necesitaba pasarle la pelota a Tommy y la arrojé sobre sus brazos extendidos. La pelota subió, subió y subió. El timbre sonó justo cuando la pelota bajaba y el árbitro la señalaba con la mano. El último tiro del partido. Sólo que no era un tiro. Realmente no era un tiro. Realmente, realmente, *realmente* no era un tiro, incluso cuando pasó por el centro de la canasta.

Me sacaron cargando de la cancha y, a decir verdad, me sentí realmente bien. Pero acababa de agotar mi última oportunidad con Celia.

Al día siguiente todo el mundo en la escuela hablaba de cómo había ganado el juego y todo lo demás y lo bien que me porté al respecto. Lo que yo estaba esperando era que empezara mi nueva racha. Así que mientras voy caminando por el pasillo, ¿quién creen que viene del lado contrario con dos de sus amigas?, pues Celia Evora la adorada.

—Bonito juego —me dice—. Sus dientes brillan y sus ojos relampaguean y mi corazón late como loco pero sé cuál es el juego.

—Fue pura suerte —dije.

—Mi mamá me dijo que llamaste —me dijo.

—Sólo quería saber cómo estabas —le dije—. Tu mamá me dijo que tenías una alergia.

—Sí, y yo quería hablarte sobre una cosa —dijo ella.

—¿Qué?

—¿Vas a ir con alguien al baile? —me preguntó.

—No había pensado nada todavía —dije.

—¿Quieres ir conmigo? —me preguntó.

—Seguro —le dije.

—*Sabía* que dirías que sí —dijo—. Simplemente lo sabía.

—¿De verdad?

—Seguro. Es mi semana de buena suerte. Imagínate. Por fin el hospital descubrió a qué soy alérgica, y pasé todas las pruebas de la escuela. Luego, justo cuando mi mamá me dijo que no podía ir al baile porque no confiaba en ninguno de los niños, tú hablaste para preguntar por mi alergia y dijo que tenías que ser el mejor chico de la escuela y que si iba contigo me dejaba ir. ¿Tengo suerte o no?

—Parece como si tuvieras una racha —le dije.

—¡Espero que no termine nunca! —me dijo—. Pasa por mí temprano para ir al baile.

Celia volteó la cabeza, me deslumbró con esos ojos oscuros y se fue bailando por el pasillo.

Froggy me vio parado en el pasillo recostado contra la pared.

—¿Qué pasó? —me preguntó—. ¿Estás bien?

—Acabo de darme cuenta de que todo el mundo está en una racha —le dije.

—¿Qué quieres decir? —preguntó Froggy.

Y entonces Froggy se puso a hablar de lo que significaba una *racha*. Pero a mí ya no me importaba. Todo era bueno.

PIÉNSALO

1. Jamie usa toda su racha de buena suerte. ¿Cómo es que termina saliendo con Celia?

2. Piensa en dos o tres cosas malas que le hayan sucedido a Jamie. ¿Cuáles se deben a la mala suerte? ¿Cuáles se deben a sus acciones? Explica tu respuesta.

3. ¿Cuál crees que es la actitud del escritor respecto a las personas y su suerte? Da ejemplos del cuento que apoyen tu respuesta.

Acknowledgments

UNIT 1

Lee & Low Books: Baseball Saved Us by Ken Mochizuki. Text copyright © 1993 by Ken Mochizuki. Permission granted by Lee & Low Books, Inc., New York.

McIntosh and Otis: "The Day the Sun Came Out" by Dorothy M. Johnson, originally published as "Too Soon a Woman" in Cosmopolitan, 1953. Copyright © 1953 by Dorothy M. Johnson. Reprinted by permission of McIntosh and Otis, Inc.

Clarion Books/Houghton Mifflin Company: The Dragon's Pearl, retold by Julie Lawson. Text copyright © 1993 by Julie Lawson. Illustrations copyright © 1993 by Paul Morin. Reprinted by permission of Clarion Books/Houghton Mifflin Company. All rights reserved.

Diane Stanley and Writers House LLC: Excerpt from Elena by Diane Stanley. Text copyright © 1996 by Diane Stanley. Reprinted by permission of the author and Writers House LLC, acting as agent for the author.

UNIT 3

Multimedia Product Development: "Forty-Five Seconds Inside a Tornado," from Incredible True Adventures by Don L. Wulffson. Copyright © 1986 by Don L. Wulffson. Reprinted by permission of Multimedia Product Development, Inc., Chicago, Ill.

NTC/Contemporary Publishing Group: "Trapped by Fear," from The Contemporary Reader, Vol. 1, No. 3. Copyright © 1994 by Contemporary Books, Inc. Used with permission from NTC/Contemporary Publishing Group, Inc.

"Typhoid Mary," from The Wild Side: Crime and Punishment by Henry Billings and Melissa Billings. Copyright © 1996 by NTC/Contemporary Publishing Group, Inc. Used with permission from NTC/Contemporary Publishing Group, Inc.

Nickelodeon Magazine: Excerpt from "Sca-a-a-a-a-ry Jobs" by Robin Sayers, originally published in Nickelodeon Magazine, October 1997. Copyright © 1997 by Nickelodeon Magazine. Reprinted by permission of Nickelodeon Magazine.

UNIT 4

Curtis Brown, Ltd.: My Man Blue by Nikki Grimes. Text copyright © 1999 by Nikki Grimes. Published by Dial Books for Young Readers, an imprint of Penguin Putnam Books for Young Readers, a division of Penguin Putnam Inc. Used by permission of Curtis Brown, Ltd. All rights reserved.

International Publishers: Adaptation of "Little Things Are Big," from A Puerto Rican in New York and Other Sketches by Jesus Colon. Copyright © 1961 by Masses & Mainstream, © 1982 by International Publishers. Reprinted by permission of International Publishers, New York.

Arlene Erlbach: "Never Home Alone!" originally published as "Elizabeth, Jeff, Sam, Kelly, and Mike: Ages 15, 14, 12, 11, and 10" in The Families Book by Arlene Erlbach. Copyright © 1996 by Arlene Erlbach. Reprinted by permission of the author.

Editorial de la Universidad de Puerto Rico: Adiós falcón by Wenceslao Serra Deliz, from Explore in Houghton Mifflin Reading: Invitations to Literacy by J. David Cooper, John J. Pikulski, et al. Copyright © 1985 by Wenceslao Serra Deliz, Universidad de Puerto Rico. English translation © 1993, 1996 by Houghton Mifflin Company. Reprinted by permission of Editorial de la Universidad de Puerto Rico. All rights reserved.

UNIT 5

Encore Performance Publishing: Excerpt from Scars & Stripes by Thomas Cadwaleder Jones. Copyright © 1994 by Thomas Cadwaleder Jones. All rights reserved. Reprinted by permission of Encore Performance Publishing (http://www.encoreplay.com), holder of all rights worldwide.

David Higham Associates: "Westwoods" by Eleanor Farjeon (in The Little Bookroom [Oxford University Press, 1955; Godine, 1984]), adapted by Aaron Shepard, from Stories on Stage: Scripts for Reader's Theater, pp. 132–145. Copyright © 1993 by Aaron Shepard. Reproduced with permission David Higham Associates Limited.

UNIT 6

Writers House: "Victor" by James Howe. Copyright © 1995 by James Howe. Reprinted by permission of Writers House, LLC.

Scholastic: "The Cage" by Martin Raim, published in Literary Cavalcade, October 1960. Copyright © 1960, 1988 by Scholastic Inc. Reprinted by permission of Scholastic Inc.

"The Jigsaw Puzzle," from Tales for the Midnight Hour: Stories of Horror by J. B. Stamper. Copyright © 1977 by Judith Bauer Stamper. Reprinted by permission of Scholastic Inc.

Acknowledgments cont.

UNIT 7

Lee & Low Books: Richard Wright and the Library Card by William Miller. Text copyright © 1997 by William Miller. Permission granted by Lee & Low Books, Inc.

Houghton Mifflin Company: El Chino by Allen Say. Copyright © 1990 by Allen Say. Reprinted by permission of Houghton Mifflin Company. All rights reserved.

UNIT 8

Franklin Watts: "I Prove Myself a Hunter," from Wise Words of Paul Tiulana: An Inupiat Alaskan's Life by Vivian Senungetuk. Copyright © 1998 by Vivian Senungetuk. Reprinted by permission of Franklin Watts, a division of Grolier Publishing Company.

Scholastic: "Gail Devers" by Zoë Kashner, from Scholastic Action, February 21, 2000. Copyright © 2000 by Scholastic Inc. Reprinted by permission of Scholastic Inc.

Gary Paulsen and Flannery Literary: Excerpt from Brian's Return by Gary Paulsen. Copyright © 1999 by Gary Paulsen. Used by permission of the author and Flannery Literary.

UNIT 10

J. Weston Walch, Publisher: "Jaime Escalante: Math Teacher," from Sixteen Extraordinary Hispanic Americans by Nancy Lobb. Copyright © 1995 by J. Weston Walch, Publisher. Reprinted by permission of J. Weston Walch, Publisher.

Scholastic: "Patches," from Dog to the Rescue: Seventeen True Tales of Dog Heroism by Jeannette Sanderson. Copyright © 1993 by Jeannette Sanderson. Reprinted by permission of Scholastic Inc.

Creative Education: Chief Joseph of the Nez Perce by Matthew G. Grant. Copyright © Creative Education. Reprinted by permission of Creative Education, 123 S. Broad St., Mankato, MN 56001.

UNIT 11

Childrens Press: Excerpt from Archaeology by Dennis B. Fradin. Copyright © 1983 by Regensteiner Publishing Enterprises, Inc. Reprinted by permission of Childrens Press, a division of Grolier Publishing Company.

Random House Children's Books: "The Sacred Well," from True-Life Treasure Hunts by Judy Donnelly. Copyright © 1984 by Random House, Inc. Reprinted by permission of Random House Children's Books, a division of Random House, Inc.

Franklin Watts: Excerpt from Castles by Jenny Vaughan. Copyright © 1984 by Franklin Watts Ltd. Reprinted by permission of Franklin Watts, a division of Grolier Publishing Company.

Eric A. Kimmel: "Matajuro's Training," from Sword of the Samurai: Adventure Stories from Japan by Eric A. Kimmel. Copyright © 1999 by Eric A. Kimmel. Reprinted by permission of Eric A. Kimmel c/o Ralph M. Vicanza, Ltd..

Henry Holt and Company: "The Cow-Tail Switch," from The Cow-Tail Switch and Other West African Stories by Harold Courlander and George Herzog. Copyright © 1947, 1974 by Harold Courlander. Reprinted by permission of Henry Holt and Company, LLC.

UNIT 12

The Estate of Emily Crofford: "The Valentine," from Stories from a Blue Road by Emily Crofford. Text copyright © 1992 by Emily Crofford. Used by permission of the Estate of Emily Crofford.

Random House Children's Books: "The Streak," from 145th Street: Short Stories by Walter Dean Myers. Copyright © 2000 by Walter Dean Myers. Used by permission of Random House Children's Books, a division of Random House, Inc.